Mujer
TOTAL
MENTE
NUEVA

30 DÍAS PARA LEVANTARTE COMO UNA
MUJER COMPLETA, RENOVADA Y HERMOSA

MAGIE DE CANO

ISBN   978-99922-2-964-4
© 2024   Elia Magdaly Herrera Alvarado
© 2024   Las Cartas de Magie
© 2024   Derechos Reservados

Primera edición 2024

info@lascartasdemagie.com
www.lascartasdemagie.com

EDICIÓN
Michelle Juárez

DISEÑO Y DIAGRAMACIÓN
Magaly Cano Herrera

FOTOGRAFÍA CONTRAPORTADA
Freddy Murphy

Impreso en la Ciudad de Guatemala
por: Sergráfica S.A.

Citas bíblicas tomadas de:
Nueva Versión Internacional
Nueva Traducción Viviente
La Biblia de Las Américas
TPT Passion Translation

Dedicatoria

Leí esta frase y la hice mía: "Cuando una mujer decide sanar, toda su casa deja de sangrar". Un día tomé la firme decisión de sanar y mi familia recibió un poderoso impacto por este cambio. Aprendí que fui creada para impartir vida y sabiduría, y con mis fortalezas, edifiqué no una casa sino un hogar. Habría sido imposible completar un proyecto como este sin la revelación y sabiduría de Dios, y sin el apoyo de mi esposo y mis hijos.

Así que lo dedico a Dios, mi Sanador, en primerísimo lugar. A mis hijos Benjamín y Magaly, bendigo su entrega y creatividad; a Sofía y Alejandro, por su incondicional apoyo y a mis hermosos nietos André y Rafael; ellos son mi razón de vivir cada día como una mujer completamente nueva. A mi esposo Benjamín, quien me cubre y me mantiene organizada. Juntos somos un gran equipo.

En cada paso de lo que Dios me llama a hacer, en cada prueba y dificultad, ellos me han sostenido con su amor y fe inquebrantable. Los amo entrañablemente. Cada página de este libro está escrita con la esperanza de que siempre encuentren en Dios, y en nuestra unidad, la fortaleza para seguir adelante. Cada momento a su lado es un regalo que atesoro con todo mi ser.

CONTENIDO

Mujer Hermosa

Prólogo

*Tenía la gloria de Dios, y su resplandor
era semejante a la piedra más preciosa,
como piedra de jaspe, resplandeciente
como cristal.*

APOCALIPSIS 21:11

19 de marzo de 2023, el cielo aún cubierto por la oscuridad antes del amanecer fue testigo de la visión que el Señor me dio sobre un libro. En la portada se leía: "Mujer totalmente nueva", y mientras observaba los colores entre naranjas y amarillos acuarelados, el Señor me citó Apocalipsis 21:5 que dice: "Y el que estaba sentado en el trono dijo: He aquí, yo hago nuevas todas las cosas". Y me dijo: "Escribe porque estas palabras son

fieles y verdaderas". La declaración en Apocalipsis está en tiempo presente: "Yo hago nuevas todas las cosas" porque se refiere a la obra de renuevo y redención de Dios, aquí y ahora.

El verso 2 me atrapó: "Y vi la ciudad santa, la nueva Jerusalén, que descendía del cielo, de Dios, preparada como una novia ataviada para su esposo". Juan utiliza la ilustración más impactante y hermosa que un hombre puede ver y es a su esposa caminando hacia el altar, lista para encontrarse con él. Juan dice que así es como esta hermosa nueva Jerusalén será. La imagen está tomada de una boda judía, cuando la esposa se preparaba luciendo sus mejores galas, esperando la venida del esposo para desposarla y llevarla a su nuevo hogar.

Apocalipsis 21:10-11 dice: "Y me llevó en el Espíritu a un monte grande y alto, y me mostró la ciudad santa, Jerusalén, que descendía del cielo, de Dios, y tenía la gloria de Dios. Su fulgor era semejante al de una piedra muy preciosa, como una piedra de jaspe cristalino".

Cuando leí, entendí por qué me había mostrado los colores de la portada de este libro. Dios quiere que resplandezcas con su gloria, porque para Él eres una joya preciosa, como jaspe, clara como el cristal. Él quiere que te levantes y resplandezcas porque su gloria brilla sobre ti (Isaías 60:1-2).

Aunque la interpretación exacta de Apocalipsis 21:11 puede variar según la teología bíblica, lo que Dios me mostraba es la importancia de portar su gloria; además de cómo la belleza y la perfección que se describen pueden tener gran impacto en nuestra vida espiritual, emocional y física. Esta Palabra nos recuerda que hay algo más grande que nosotras y que hay un lugar de plenitud y perfección al que podemos llegar.

Dios quiere que seamos libres y santas, con una mente y un cuerpo nuevos, preparadas para su regreso. Atrás quedarán todas las frustraciones del pasado, todos nuestros fracasos personales, familiares, matrimoniales y laborales; quedarán en el olvido todos nuestros propósitos incumplidos, nuestras metas frustradas, las relaciones fracasadas, las consecuencias de nuestras malas decisiones, las decepciones y desilusiones. ¡Todo será nuevo!

Dios sabe que el enemigo ha trabajado horas extra para distorsionar y destruir tu valor y tu identidad; el enemigo ha buscado abortar tu propósito y destino. Una vez que estás de acuerdo con lo que el enemigo dice de ti, se construye una fortaleza en tu alma y en tu mente. Esa fortaleza te mantiene atada a una falsa identidad que te impide ser una mujer plena. Pero eso se acabó. Dios nos da ahora la convicción de que en este tiempo hay un mover poderoso del Espíritu Santo de

Dios trayendo sanidad, libertad y restauración a muchas mujeres. Tenemos un pacto de sangre con Jesucristo a través de nuestra unión con Él. Fuimos compradas por precio, así que debemos glorificar a Dios con todo nuestro ser: espíritu, alma y cuerpo.

¡Es tiempo de levantarnos y recibir lo que por derecho es nuestro! Estamos saliendo de Egipto a la tierra prometida con una revelación más profunda de lo que significa estar vivas y completas en Él.

En el corazón de Dios se encuentra el deseo de que seas la mujer con una vida transformada y plena que Él diseñó; quiere recordarte que eres valiosa y que los errores del pasado no definen tu futuro. No importa lo que haya sucedido, puedes elegir cuánto poder quieres otorgarle sobre tu vida a lo que ya quedó atrás. ¡Elige arrebatarle todo el poder al pasado!

Ahora es el tiempo de permitir que ninguna parte de tu corazón se quede sin ser tocada por el agua del Espíritu Santo. Ezequiel 36:25-26 dice: "Esparciré agua limpia sobre ustedes, y ustedes quedarán limpios de todas sus impurezas, pues los limpiaré de todos sus ídolos. Les daré un corazón nuevo, y pondré en ustedes un espíritu nuevo; les quitaré el corazón de piedra que ahora tienen, y les daré un corazón sensible".

Nuestro Señor, quien te ama profundamente, derramará su lluvia para que recibas plenitud, sanidad, recompensa y restauración. ¡Levántate, mujer de Dios, este es tu tiempo para caminar en el profundo entendimiento de lo que significa vivir totalmente renovada en Él!

El fuego de su presencia y su amor te están trayendo a una nueva vida en la que serás imparable y poderosa en el nombre de Jesús. Deja atrás la vergüenza, la condenación, las heridas, las ofensas y todo lo que parece aprisionar tu mente, tu espíritu, tu cuerpo y tu corazón. Suelta tu pasado; deja atrás todas las cargas que pesan sobre tus hombros, porque estás entrando en una nueva puerta, una nueva temporada. ¡Corre hacia Él!

Introducción

En lugar de decir: "Mírame,
me han herido... siente pena por mí."
Prefiero decir:
"¡Mírame, he sido sanada,
mira lo que Dios ha hecho por mí!"

JOYCE MEYER

Creo firmemente que en los días que vivimos, Dios está trayendo avances maravillosos. Está levantándonos para que sepamos cómo acceder a todo lo que Él tiene para nosotras. De hecho, lo que parecía alejarnos de nuestro propósito y destino es exactamente lo que Dios está usando para lanzarnos a nuevos comienzos. Para lograrlo, Él hace una profunda obra de sanidad integral, arrancando raíces profundas de dolor, rechazo, miedo y orgullo. Él sana áreas aún en nuestro cuerpo que nos han mantenido en esclavitud durante años. Él nos da una mente sana, arraigada en sus promesas y en la verdad de su Palabra.

La mañana del 23 de junio del año 2021, llegó a mi bandeja de correo algo que aceleró mi corazón. Chuck Pierce, pastor de la Iglesia Gloria de Sion Internacional con sede en Texas, Estados Unidos, a quien sigo desde hace varios años, envió una convocatoria que me pareció necesaria para muchos. El título era "Un tratamiento intenso de veintiún días" y hablaba de una sanidad integral. Todo se alineaba a lo que Dios estaba mostrándome, la raíz de muchos problemas físicos está dentro del dominio espiritual y del alma y, cuando se corrigen, los problemas terminan.

El pastor Pierce envió una palabra del Señor que decía: "Durante los últimos años ha habido una lucha, una batalla interior que se ha manifestado a través de la tristeza, la depresión, las adicciones y los mecanismos de defensa poco saludables. Pero este es el momento de ocuparse del corazón. Yo estoy exponiendo los patrones, los ciclos, las mentiras, la manipulación, los asuntos no resueltos y finalmente tendrán su día de liberación.

Todo cambiará ahora.

Esta es una temporada para revisar los traumas y los eventos que trataron de arraigarse dentro de ustedes. Han pretendido por mucho tiempo como si no hubiera sucedido nada, pero ahora es el tiempo de permitirme traerlo a la superficie para que puedan tratar con esto en mi presencia. Esta vez el fruto del arrepentimiento será duradero. No volverán atrás. Yo estoy cambiando su corazón y el cambio en su comportamiento será solo un subproducto del trabajo profundo que haré en ustedes. Las aventuras terminarán. Las mentiras terminarán. Los robos terminarán. Las dobles vidas se detendrán. La avaricia se detendrá. Todo lo que no me complace terminará. La revelación de su verdadera identidad está cambiando. Se están dando cuenta de quién son realmente en mí, dice el Señor".

Inmediatamente, a través de las redes sociales de Las Cartas de Magie, convoqué a veintiún días de oración y ayuno que iniciaríamos el uno de julio. Comencé a trabajar en los enfoques de oración con la fuerte convicción de que Dios estaba a punto de hacer algo que no podía imaginar. Mi historia ha sido una imagen profética de restauración y Dios ha sido fiel al restaurar mi vida, mi matrimonio y mi familia; sin embargo, sentía que Dios me decía: "Aún no he terminado contigo".

Filipenses 1:6 dice: "Y estoy seguro de que Dios, quien comenzó la buena obra en ustedes, la continuará hasta que quede completamente terminada el día que Cristo Jesús vuelva". Dios estaba a punto de sorprenderme. Él había visto todo lo que estaba escondido en mi alma que afectaba mi cuerpo, y no se daba por vencido porque su deseo era sanarme. Nadie como Él para saber exactamente lo que yo necesitaba.

LO INESPERADO

Comencé a sentir molestias y a hacerme algunos exámenes médicos, el día nueve de los veintiún días de ayuno y oración, recibí un diagnóstico que no esperaba: cáncer de colon. La sanidad física quizás parezca algo separado al cuidado del alma, pero no lo es. Nuestra alma está encarnada. Nuestro cuerpo, mente, corazón, alma y relaciones son aspectos funcionales de nuestra persona integral y necesitan la ayuda y sanidad de Dios (Marcos 12:30; 1 Tesalonicenses 5:23).

Recibí la noticia con mucha paz; no lo compartí con nadie más que con mi esposo y mis hijos, y busqué respuestas en la presencia del Señor con esta palabra en mi corazón: "¡Vengan, volvámonos al Señor! Él nos ha despedazado, pero nos sanará; nos ha herido, pero nos vendará. Después de dos días nos dará vida nuevamente; al tercer día nos levantará, y así viviremos en su presencia. Conozcamos al Señor; esforcémonos por conocerlo.

Tan cierto como que sale el sol, él habrá de manifestarse; vendrá a nosotros como la lluvia de invierno, como la lluvia de primavera que riega la tierra" (Oseas 6:1-3).

Durante tres días tomé la Santa Cena apelando al sacrificio que Jesús hizo por mí en la cruz. Clamé, lloré y le pedí al Señor ver su gloria y que me mostrara la raíz de este cáncer. Su respuesta fue: "Si quieres ver mi gloria, muéstrame tu corazón" y dijo: "Bienaventurados los de limpio corazón, porque ellos verán a Dios" (Mateo 5:8). En la Biblia La Pasión en inglés dice: "Qué dicha experimentas cuando tu corazón es puro porque entonces tus ojos se abren para ver más y más a Dios". No puedes obligar a Dios ni exigirle que haga lo que quieres, solo puedes arrodillarte a sus pies, derramar tu alma y permitir que su Santo Espíritu te limpie con hisopo, como dijo David en el Salmo 51:7, creyendo que responderá y que su respuesta será para tu bien.

A veces, Dios permite que nuestro mundo sea sacudido para que miremos nuestra situación y nos demos cuenta de que estamos en el camino correcto. Realmente no hemos hecho nada para provocar los ataques, pero lo permite para que examinemos lo que hay en nuestro corazón. El Señor comienza a sanarnos de adentro hacia afuera. Una vez que nuestro corazón y alma están limpios, el cuerpo responderá y experimentará la sanidad. 3 Juan 1:2 dice: "Amado, yo deseo que tú seas prosperado en todas las cosas, y que tengas salud, así como prospera tu alma". Si nuestra alma prospera, también prosperará nuestro cuerpo.

El Dr. Michael S. Barry, en su libro El proyecto perdón, dice: "Aunque Dios puede sanar y sana a las personas milagrosamente, tanto física como espiritualmente, no deberíamos vivir esperando pasivamente que Dios nos alcance y nos toque. Hay cosas que podemos hacer (actitudes del corazón que podemos adoptar) que nos ayudarán a abrir nuestra vida al misterioso obrar de Dios, como el suelo que se ablanda y se fertiliza para recibir la semilla, y la primera es la humildad para perdonar".

Mientras me rendía al proceso, perdonando, soltando, liberándome de palabras duras que fueron habladas contra mí, además de declarar bendición sobre todos aquellos que me hicieron daño, Dios comenzó a evidenciar áreas ocultas y específicas de dolor que entraron por las puertas de mi alma. No me daba cuenta de que había guardado tantas cosas para protegerme del dolor, pero al hacerlo no permitía que Dios me sanara. Él me quería libre, sana y completa, pero debía atravesar el dolor para llegar allí. Debía invitarlo a entrar en cada recoveco de mi corazón y limpiar el desorden. No podemos evitar ser heridos, pero Dios desea que nuestra reacción ante esas heridas lo honren y produzca sanidad.

Él desea que seamos libres del enojo, del dolor que producen las ofensas, el resentimiento, la amargura, y que aprendamos a perdonar. A veces nuestras emociones pueden parecer tan fuertes y poderosas que podemos dejar que nos guíen, pero Dios enciende la luz sobre los planes del enemigo que nos tienen cautivas. En mi caso, yo estaba haciendo muchas cosas para Dios, pero atada a una silla de ruedas espiritual por albergar patrones de conducta que Él no diseñó para mí. Después de tres días de clamor, me dijo: "No hay nada que yo no pueda resolver". Con estas palabras me estaba invitando a asociarme con Él para revertir los planes del enemigo.

LA VICTORIA

He comprendido que Dios siempre gana. Cuando nos asociamos con Él en medio de circunstancias hostigadoras y difíciles, estamos en el equipo ganador. Aunque estemos en una batalla espiritual, Dios quiere enseñarnos cómo obtener la victoria. El enemigo puede oprimirnos e incitarnos a ofendernos; las emociones, las heridas, el miedo y la ansiedad pueden llevarnos a hacer acuerdos con él, pero ocurren milagros poderosos cuando perdonamos a aquellos que nos han lastimado.

A lo largo de este proceso que me tocó vivir, aprendí algunas lecciones importantes, esa clase de lecciones que solo se aprenden de la manera más difícil.

Dios usó esta difícil prueba para enseñarme lo que ahora intento compartirte en este libro. Mientras me enfocaba en su presencia, Dios me mostraba la verdadera naturaleza de su amor perfecto que echó fuera el temor. Hasta entonces nunca había liberado mis emociones, pero le permití limpiar mi corazón y mi espíritu. Al cuarto día de iniciar esta batalla, iba camino al hospital para someterme a una cirugía de colon. Mi cuerpo estaba manifestando en el exterior lo que estaba sucediendo en mi interior. Pero iba con la convicción de que el poder de Jesús obraría en todo mi ser. ¡No hay otro nombre como el nombre de Jesús!

Durante los cinco días que permanecí en el hospital, algo absolutamente sobrenatural ocurrió. Dios me rodeó de personas que fueron ángeles de carne y hueso para ayudarme, sanó mi cuerpo sin necesidad de quimioterapias o radioterapias, inundó con su Espíritu cada parte de mi ser y me llenó de su presencia. Me dio la convicción de que Él tenía un plan y un futuro lleno de esperanza.

El día veintiuno de mi convocatoria a orar y ayunar, yo estaba recuperándome de una cirugía de colon en una cama de hospital, pero con la bandera de la victoria en mi mano. Dios cumplió su palabra cuando dijo: "Te estoy haciendo pasar por veintiún días de tratamiento intensivo. Mi sangre se pondrá más caliente que la sangre que corre por tu cuerpo y, por el Espíritu, comenzará a encontrar células que no se han encontrado. Estos próximos días serán de tratamiento divino e intenso. Viene un tratamiento intensivo de veintiún días a mi pueblo. ¡Estoy a punto de hacer algo en ti en estos próximos días que es diferente a lo que he hecho antes!"

La libertad y la sanidad son nuestras, pero debemos estar dispuestas a emprender el viaje de la mano de Dios. El enfoque de oración del día veintiuno decía: "El canto de gloria en ti pudo haber sido bloqueado, pero hay un viento de liberación. Es posible que tu sangre se haya movido lentamente, pero ahora está cantando un cántico de liberación. Tu sangre y tu gloria están despertando y cantarán una nueva canción. Dile a tu carne que descanse en la esperanza porque tu sangre está despertando a la voluntad de Dios". Él me estaba dando la oportunidad de hacer las cosas bien. Me estaba dando la oportunidad de un nuevo comienzo, completamente sana en mi espíritu, mi alma y mi cuerpo. Nuestro Señor nos creó y sabe cómo podemos llegar a estar completas y vivas para Él.

LA PLENITUD

Aprendí que la plenitud de una mujer está vinculada a nuestra comprensión de quiénes somos y para qué fuimos creadas, así que tiene que ver con lo que creemos.

Hay una gran mujer en ti que debes descubrir, y esa persona nunca podrá manifestarse por sí misma si no le rindes todo a Dios.

1 Tesalonicenses 5:23 dice: "Y el mismo Dios de paz os santifique por completo; y todo vuestro ser, espíritu, alma y cuerpo, sea guardado irreprensible para la venida de nuestro Señor Jesucristo". Somos espíritu, tenemos un alma y vivimos en un cuerpo. El espíritu es el asiento de la conciencia de Dios; el alma es el asiento de nuestras emociones: el miedo, las preocupaciones, etcétera.

Nuestro cuerpo interactúa con el mundo y va a donde el alma quiere ir. Por lo que es importante un acuerdo entre nuestro espíritu, alma y cuerpo. Cuando hay inestabilidad, cuando nuestra alma está dominada por nuestros miedos, preocupaciones, decepciones, culpa y pasado, hay obstáculos en nuestra comunión con Dios.

Bill Johnson dice: "Sentimientos como la ansiedad, el remordimiento, el odio, la falta de perdón y la envidia son conocidos asesinos. Estos desgastan nuestro sistema inmunológico y nos hacen propensos a todo tipo de calamidades físicas. Salmos 31:10 dice: "Porque mi vida se va gastando de dolor, y mis años de suspirar; se agotan mis fuerzas a causa de mi iniquidad, y mis huesos se han consumido". Jesús dio todo, su último aliento, para liberarnos de nuestra existencia muerta y monótona para que pudiéramos experimentar la vida abundante que prometió (Juan 10:10).

Esta vida, en toda su plenitud, surge a través de la intimidad y rendición a Jesús a medida que alineamos nuestra vida con su verdad. En medio de nuestras enfermedades, dolores, traumas, estrés, desánimo, ocupaciones y decepciones, tenemos un Redentor que nos está llamando a venir a Él para ser hechas nuevas. Sus palabras y su corazón son vida. ¡Dios quiere que gocemos de una vida plena!

Hoy, celebro la vida, la salud y los nuevos comienzos. Levanto mis alas con fe y permito que el viento de su Espíritu me impulse para moverme hacia una nueva temporada. El miedo, los traumas y la enfermedad se desvanecieron gracias a su amor y presencia. Puse mi confianza en el Señor, quien me hizo vencedora y salí de la batalla con el botín en mi mano.

Dios ha soplado aliento de vida y yo he aprendido a confiar en Él, aún en las situaciones dolorosas. Seguiré confiando en su bondad porque sé que veré el poder de su brazo fuerte en todas las cosas. Mi fe se levantará más alto y las montañas se moverán porque el día de la promesa ya está aquí. Salmos 41:3-4 dice: "Cuando están enfermos, acostados en su lecho de sufrimiento, Dios los restaurará.

Los levantará de nuevo y les devolverá la salud. Así que en mi enfermedad te digo, "Señor, sé mi amable sanador. Sana mi cuerpo y mi alma; ¡sáname, Dios! Porque he confesado mis pecados ante ti".

Restauración Integral

*Que Dios mismo, el Dios de paz,
los santifique por completo, y conserve todo
su ser espíritu, alma y cuerpo, irreprochable
para la venida de nuestro Señor Jesucristo.*

1 TESALONICENSES 5:23

ESCUCHÉ AL SEÑOR DECIR:

"Hijas, las estoy llevando a una restauración integral. Mis preciosas hijas, ha llegado el momento. La espera ha parecido larga, y para muchas de ustedes ha parecido que el tiempo les fue robado y desperdiciado; pero les digo que estoy redimiendo el tiempo.

Porque en este momento están ingresando a un alineamiento acelerado de mi línea de tiempo, un alineamiento al que no habían ingresado antes. Porque mientras me buscan y se mantienen rendidas a mí en el lugar secreto, yo llevaré las cosas a un rápido alineamiento. Porque soy el Dios que puede restaurar en un instante.

¿Pueden sentir los retumbos de la restauración? No están lejos, han comenzado. No estoy restaurando solo lo que les ha sido robado, perdido y quebrantado, en esta temporada mi poderosa mano está haciendo retroceder sus líneas de tiempo y estoy restaurándolo todo. ¿Pueden escuchar el retumbar de mi corazón y el retumbar de mi voz sobre ustedes? Yo estoy restaurándolo todo, es una restauración integral.

Escuchen, hijas, la batalla sobre sus voces fue tan intensa que muchas de ustedes sienten que casi las mató. Muchas de ustedes sienten que las quebrantó, pero les digo que estoy restaurando todo, estoy liberando mis sonidos celestiales a través de ustedes para llevar sanidad a la tierra.

Las estoy restaurando de manera integral, hijas mías, y estoy trayendo una unción para la sanidad integral a través de ustedes, para fluir con poder y fuerza, en su hogar y dondequiera que yo las envíe.

Mis preciosas hijas, estoy trayendo una restauración integral. Es tiempo de que se levanten, asciendan y den un paso más hacia su herencia en mí. Este es un momento significativo en el tiempo. Este es un tiempo significativo para encontrarse conmigo, para ser parte de mi alineación acelerada y de la restauración integral que cambiará la trayectoria de su vida. ¡Levántense!"

Una palabra profética de Lana Vawser Ministries

Mujer Completa

Una mujer completa es quien ha conocido a Cristo y le ha rendido su vida con fe y devoción. No es perfecta ni se define solo por sus logros terrenales, sino por su relación con Dios. Su corazón está lleno de gratitud y alabanza, además, cuanto dice y hace refleja el fruto del Espíritu Santo (Gálatas 5:22-23). La vida de oración de la mujer completa es un ancla en tiempos de alegría y también en tiempos de adversidad. Ella encuentra consuelo y dirección en la presencia de Dios y es testimonio vivo de la gracia transformadora de su Padre. La mujer completa es faro de luz en un mundo que anhela autenticidad y verdad.

Colosenses 2:9-10 dice: "Porque en él habita corporalmente toda la plenitud de la Deidad, y vosotros estáis completos en él, que es la cabeza de todo principado y potestad". La palabra usada aquí para «completo» es la palabra griega «pleróo» que significa "hacer completo o llenar hasta el máximo". Esa es una sorprendente verdad espiritual que vale la pena reflexionar. Al hacerlo, descubriremos que Dios ha derramado en nuestra vida, a través de Jesús, todo lo que necesitamos para que no nos falte nada y seamos mujeres completas.

En sus momentos más sombríos, Jesús reveló dos de las verdades más importantes del Evangelio a dos mujeres. Le dijo a Marta que Él es la resurrección y la vida (Juan 11:25-27).

Además, le dijo a la mujer samaritana que Él es el agua viva (Juan 4:10).

Jesús supo cómo tocar el corazón de cada mujer que tuvo un encuentro con Él. Donde había miedo, vergüenza, oprobio, enfermedad o dolor nuestro Señor dio sanidad, restauración y gozo. ¡Jesús vino a salvarnos a todas! Ninguna mujer queda excluida de su redención. Solo Dios tiene el poder de reunir los pedazos dispersos de nuestra vida y traerlos de regreso hacia la totalidad. La elección de que lo haga es nuestra. Es tiempo de vernos íntegras y completas como Dios nos formó y nos ve.

DÍA 1

REPARA TU CORAZÓN CON ORO

*El Señor está cerca, para salvar
a los que tienen el corazón hecho pedazos
y han perdido la esperanza.*

SALMOS 34:18

Hay circunstancias que nos golpean tan duro que caemos como una muñeca de porcelana contra un piso de granito. Hechas pedazos, dolidas, nos quedamos tiradas compadeciéndonos de nosotras mismas. En la oscuridad, intentamos recoger nuestros pedazos dispersos en el suelo frío y duro, pero solo logramos arañar la superficie. La pérdida de alguien que amamos, una profunda decepción, incluso, nuestro propio pecado o fracaso nos destrozan.

La mentalidad de nuestra cultura nos susurra: "¡No dejes que alguien te vea rota!" Entonces, el dolor y el sufrimiento se hacen costumbre y secreto. ¡No lo permitas! Tu corazón no está hecho para habitar en las ruinas de los fracasos más profundos y las noches más tenebrosas. Ahora, el Señor revelará su redención para sanar los terribles golpes que sufriste en esa temporada de prueba que te ha quebrado en mil pedazos.

REPARACIÓN CON ORO

Muchas mujeres traumatizadas por la adversidad están buscando respuestas. Frente al dolor, intentamos encontrar el propósito, pero es difícil lograrlo. Las heridas y los ataques tienen que ver más con quienes seremos en el futuro que con quienes hemos sido en el pasado porque el enemigo intenta evitar que logremos aquello para lo que fuimos creadas.

Hablando de piezas rotas, Dios me mostró el arte japonés llamado Kintsugi, que quiere decir "empalme de oro", una técnica también conocida como "Kintsugi" o "reparación con oro". Esta práctica que se originó hace muchos años en Japón, es el arte de reparar cerámica y porcelana al llenar las grietas y volver a unir las piezas con una resina que contiene polvo de oro. Este material provoca que esos espacios reparados brillen, lo que les brinda un aspecto único.

¿Te ha sucedido que tiras a la basura una taza con un asa rota? En el Kintsugi esa taza es materia prima para una obra de arte. Al repararla con ese material dorado se reconoce y resalta la grieta. El recipiente recupera su propósito original, además de agregarle belleza. Lo asombroso es que una pieza de cerámica restaurada tiene más valor que una que nunca se rompió.

Dios es el maestro del Kintsugi. Él conoce tu quebrantamiento, pero no te rechaza ni te descarta. Donde ves un montón de pedazos rotos, Él ve potencial y la posibilidad de crear algo hermoso y nuevo; no elimina tus cicatrices, las trasforma. Dios no quiere que ocultes tu quebrantamiento. Él quiere sanarte de tal manera que las grietas y cicatrices visibles no representen algo feo o vergonzoso, sino que exalten la belleza de la restauración.

De esa forma, la gloria de Dios es vista a través de esas grietas que deja un pasado doloroso, un fracaso, una decepción, una herida. Nuestro alfarero divino es especialista en tomar las piezas rotas, juntarlas y hacer que su gloria brille a través de ellas. De nuestro quebrantamiento surge nueva esperanza, nueva vida y nuevas posibilidades. Salmos 34:18 dice: "El Señor está cerca, para salvar a los que tienen el corazón hecho pedazos y han perdido la esperanza".

MÁS FUERTE Y MÁS HERMOSA

Él te dice ahora: "¡Yo puedo arreglar eso! Deja de mirar tu quebrantamiento, las grietas y las fracturas en tu vida. Si me traes las partes rotas y las heridas de tu vida, las llenaré tiernamente con mis metales preciosos. Te haré más fuerte, más hermosa y valiosa que antes". Nuestro Padre sana a los quebrantados de corazón, y venda sus heridas (Salmos 147:3). Cuando Jesús resucitó, sus cicatrices permanecieron; eran un recordatorio del dolor, del sufrimiento y de que el mal no tiene la última palabra. Eran un testimonio del asombroso poder de Dios. Santo Tomás de Aquino dijo: "Él guardó sus cicatrices no porque no pudiera curarlas, sino para usarlas como un trofeo eterno de su victoria".

A partir de hoy, no caminarás como una mujer quebrantada. Lo harás como una vencedora porque verás su bondad y fidelidad cuando le entregues los pedazos de tu corazón quebrantado. Necesitas darle al Espíritu Santo todas las llaves para que entre y repare lo profundo de tu alma; de otra manera no podrás abrazar la nueva temporada a la que Dios te quiere llevar. Dios tiene el poder para restaurar y cambiar cualquier cosa que haya venido contra ti. Puede parecer un desvío o un retraso en tu vida, pero en realidad es Dios tomando circunstancias rotas para aprovecharlas y sacar perfección de ellas.

El Señor te dice

Yo puedo volver a juntar las piezas; cada pequeño grano, cada pequeña astilla, cada pequeña pieza. Puedo reconstruirte. Tu futuro no está perdido. Tu presente puede parecer destruido porque el enemigo vino a matar, robar y destruir, pero tu futuro no está destruido. Tu futuro no está roto. Tu futuro no está hecho añicos. Tus circunstancias presentes no son tus circunstancias futuras. Yo soy el Dios de tu futuro y he ido delante de ti para limpiar cosas que sucedieron en tu pasado y cosas que están sucediendo en tu presente. Ya lo he resuelto todo. Solo confía en mí. ¡Yo puedo arreglar eso!

Oremos

Amado Jesús, ¿me ayudarías a confiar en ti para recoger mis pedazos y reconstruirme? ¡Ayúdame a sentir tu presencia en medio de mi dolor y mi caos! Aquí están los fragmentos de mi corazón, por favor, sana y restaura todo. Dame la dulzura del gozo de tu cruz cuando obtenga mi victoria a causa del poder de tu sangre. ¿De qué manera debe limpiarse mi corazón? ¡Límpialo, purifícalo, aquí está delante de ti! ¡Dame un corazón limpio! ¡Quiero un corazón sano! no quiero un corazón hipócrita, no quiero un corazón falso, no quiero un corazón duro, no quiero un corazón que no te tenga a ti. Pon tu trono en mi corazón, graba tu nombre en él. Te pertenezco, Señor. Abrazo mi restauración y mi sanidad, en tu nombre, amado Jesús.

DÍA 2

GENUINAMENTE AMADA

*Amada mía, desde que me miraste
mi corazón te pertenece. Es tuyo desde que
lo envolviste entre los hilos de tu collar.*

CANTARES 4:9

Al obedecerle y comenzar con este libro, le pregunté: "¿Qué quieres que les diga?, ¿qué es lo que está en tu corazón para tus hijas?". Él dijo: "Diles que son genuinamente amadas". Cuando el amor de Dios nos toca, hay un cambio. No puedes tener a alguien tan maravilloso y poderoso como Dios en tu vida y no ser transformada.

Juan 3:16 dice: "Porque de tal manera amó Dios al mundo, que ha dado a su hijo unigénito, para que todo aquel que en él cree no se pierda, sino que tenga vida eterna".

El amor de Dios puede calentar el corazón más frío y darle un reinicio divino donde todo cambia. Muchas veces nos han dicho: "Dios te ama", pero ¿cuándo fue la última vez que sentiste su amor inundándote y levantándote cuando creías que menos lo merecías?

1 Juan 3:1-3 dice: "Miren cuánto nos ama el Padre, que nos ha concedido ser llamados hijos de Dios. Y lo somos. El mundo no nos conoce, porque no lo conoció a él. Amados, ahora somos hijos de Dios, y aún no se ha manifestado lo que hemos de ser. Pero sabemos que, cuando él se manifieste, seremos semejantes a él porque lo veremos tal como él es. Y todo aquel que tiene esta esperanza en él, se purifica a sí mismo, así como él es puro".

Eres genuinamente amada porque eres su hija. La palabra genuino proviene del latín "genuinus", derivado de "genus" que significa linaje. Al entregar nuestra vida a Cristo adquirimos un nuevo linaje, uno divino, uno genuino. Pasamos de ser creación de Dios a ser hijas de Dios.

EL DOLOR BLOQUEA EL AMOR

Algunas veces el dolor se hace tan insoportable que es más fácil esconderse. Cuando bloqueas el dolor que llevas en el corazón, también bloqueas tus sentimientos, entonces no te amas a ti misma ni te sientes amada por nadie, ni siquiera por Dios. De hecho, cuando las voces acusadoras llegan exigiendo perfección y encuentran solo defectos, te despojan de la certeza de sentirte amada por Dios, así que realmente lo que intentan es robarte a Dios mismo. Cada dardo de fuego que recibe tu corazón te aleja más de Dios porque te impide descubrir y disfrutar de su gran amor por ti.

Dios quiere que sepas que no importa si te sientes indigna, su amor es incondicional. Él dice: "Yo te amo con amor eterno. Por eso te he prolongado mi misericordia" (Jeremías 31:3). Dios es amor y si negamos su amor, lo negamos a Él, porque no pueden separarse. Amar es su esencia.

A veces podemos enfrentarnos a circunstancias imperfectas, pero a través de Cristo podemos encontrar un amor perfecto. Podemos encontrar una fuerza y un gozo indescriptibles, una paz que sobrepasa la comprensión humana y una visión de esperanza más allá de lo que podemos ver.

En mi libro Conquista tu matrimonio, comparto cómo encontré el camino hacia la restauración de mi relación con mi esposo Benjamín. No me sentía amada y sabía que estaba al borde del divorcio. Dios me amaba y me aceptaba, pero debido a la acusación, la condenación y el rechazo, no podía sentirlo.

Con todos esos sentimientos de angustia en mi corazón, iba en mi vehículo y me estacioné frente a la escuela de mis hijos. Sumergida en un mar de pensamientos sobre qué hacer con mi vida y con mi matrimonio, las lágrimas corrían por mis mejillas. Me sentía sola, devastada, alejada de Dios. Fue entonces que el clamor salió desde lo más profundo de mí: "Dios, si realmente me escuchas, dime cómo encuentro el camino de regreso a mi hogar, a mi felicidad". En ese momento se acercó una mujer y me dio una tarjeta con un mensaje tan claro de parte de Dios: "Las cosas nunca van a cambiar hasta que tú no te sientas amada por mí; no van a cambiar hasta que no te sientas realizada y satisfecha conmigo. Hasta que no tengas una relación personal e intensa conmigo". Le respondí: "Señor, quiero enamorarme de ti".

PERMÍTELE AMARTE

Cuando Dios te llama hija amada, está haciendo mucho más que intentar mostrarte su amor. Está tratando de lograr que le permitas amarte.

¡Quiere que te dejes amar por Él! Entendí que ser genuinamente amada por Dios no es solo un punto de partida, es una experiencia transformadora. Este amor profundo, encontrado en el lugar secreto de mi corazón, fue donde comenzó mi viaje personal con Él. Así lo llegué a conocer como el amante de mi alma.

Su amor no es como cualquier otro, es un amor que te valora sin medida. Dios no tiene o siente amor por ti, Él es amor por ti. No solo está enamorado de ti, sino que estás sumergida en su amor. Y cuando su amor te toca, nunca vuelves a ser la misma.

Cada mañana cuando despiertas, Él te ama; cuando estás cansada, Él te ama; cuando estás de mal humor, Él te ama; cuando te levantas una vez más después de haber fallado o pecado, Él te ama hasta las lágrimas. Él te creó para amarte: todo el cielo celebró el día en que naciste. Las personas pueden lastimarte, rechazarte o no darte el valor que mereces, pero nada de eso cambia el hecho de que eres absolutamente amada por Él. Dios está enamorado de ti, solo déjate amar por Él.

El Señor te dice

Acércate a mí para que puedas sentir mi aliento y puedas escuchar los latidos de mi corazón. Mi amor por ti es eterno e invencible. Es un fuego que no se puede apagar. Derramaré sobre ti mi amor que no conoce límites. La comunión contigo es lo que más anhelo. He estado aquí, cerca de ti todo el tiempo, solo deseando que vinieras a mí y hablaras conmigo. Quiero que me ames y que te sientas amada por mí. El amor es una elección, yo he escogido amarte, ¿tú escoges amarme y dejarte amar?

Oremos

Amado Padre, vengo a ti, en el nombre de Jesús, a pedirte que me vistas de amor. Anhelo que tu amor inunde cada parte de mi ser y rompa las mentiras que el enemigo ha sembrado en mi mente y en mi corazón. Recibo de ti un bautismo de amor.

Sé que el amor humano está lleno de lugares frágiles que a veces se derrumban ante la primera señal de dolor, pero tu amor es perfecto. Perfecciona mi amor por ti, para que pueda amarme a mí misma y amar a los demás. Quiero caminar de la mano contigo. Amén.

DÍA 3

TOTALMENTE NUEVA

Tener una mente renovada muchas veces
no es cuestión de si alguien va o no
al cielo, sino de cuánto del cielo desea
tener en su vida en este momento.

BILL JOHNSON

Todas anhelamos tener una vida feliz y plena. ¿Cómo es posible lograrlo? Un primer paso es renovar nuestra mente a través de un proceso que puede transformar por completo nuestra forma de ser y de vivir. Si cambiamos la forma como pensamos y percibimos las cosas, es posible alinearnos con la verdad de la Palabra de Dios. Ser una mujer totalmente nueva implica más que cambios externos; se trata de una renovación interna que impacta todos los aspectos de nuestra vida, incluyendo lo que pensamos, sentimos, decimos y hacemos. El apóstol Pablo nos aconseja: "Y no adopten las costumbres de este mundo, sino transfórmense por medio de la renovación de su mente, para que comprueben cuál es la voluntad de Dios, lo que es bueno, agradable y perfecto" (Romanos 12:2).

Cuando renuevas tu mente, en lugar de que el mundo te determine, te determina la imagen y voluntad de Dios. Empiezas a pensar y a actuar de acuerdo con los parámetros de Dios en cada aspecto de tu vida. La Biblia dice: "Porque ¿quién conoció la mente del Señor? ¿O quién podrá instruirlo? Pero nosotros tenemos la mente de Cristo" (1 Corintios 2:16).

RENOVACIÓN

Dios quiere que tu mente sea renovada, no para conocer la voluntad soberana de Dios sobre el mañana, sino para conocer y hacer tuya la voluntad moral de Dios para cada momento del ahora y del futuro. ¿Qué quiere Él que hagas? ¿Qué te ordena que hagas? Él te da instrucciones claras, pero debes crear ese vínculo fuerte para escucharlo y que te guíe. Nuestros pensamientos son una fuerza muy poderosa que alineada con Dios es exponencialmente trascendental.

Donde va nuestra mente, allí avanzarán nuestras acciones. Proverbios 23:7 dice: "Como piensa un hombre en su corazón, tal es él". Quiere decir que donde va tu mente, allí vas tú.

Cuando perdemos el control de nuestros pensamientos, nos desviamos rápidamente. A veces, la mente continúa funcionando según las profundas huellas y los traumas que la vida nos ha dejado. Debido a esto, el cerebro trabaja para sabotear nuestros avances y lo nuevo que Dios quiere darnos. La estrategia muchas veces es hacernos volver al lugar de derrota donde nos sentimos sin esperanza. Mientras sigas alimentando cosas negativas en tu cabeza y en tu corazón, seguirán allí sin importar cuánto desees que se vayan.

Si pudiéramos parafrasear Romanos 12:2 diría: "No hagas que la Palabra de Dios se ajuste a tu estilo de vida. Haz que tu estilo de vida se ajuste a la Palabra de Dios". Hay algunas verdades en su Palabra de las que debemos apoderarnos. Una vez las abracemos, esas verdades cambiarán la manera de ver nuestra vida y el mundo que nos rodea.

Podemos estar viviendo en medio de un conflicto personal y tener quietud en nuestra alma si hemos entrado en el espacio espiritual y emocional de la fortaleza de Dios al enfocar nuestro pensamiento en

Él, no en la circunstancia. No tendremos esa paz si salimos de ese recinto y permitimos que el miedo dicte nuestra respuesta. Ese lugar de fortaleza junto a Dios es el único donde experimentaremos la verdadera quietud. Esto requiere que llevemos cautivo cada pensamiento a la obediencia de Cristo y hagamos que se someta a la verdad de Dios (2 Corintios 10:5). ¿Tu controlas tus pensamientos o ellos te controlan a ti?

PODEROSOS PENSAMIENTOS

Necesitas buscar a Dios y recibir su Palabra para tu situación. No hay pensamientos más poderosos y refrescantes que los de Dios para tu vida (Jeremías 29:11). Ellos liberan vida y libertad. Los pensamientos que producen depresión, ansiedad, miedo y confusión no provienen de Dios.

Te reto a que comiences hoy el proceso de renovar tu mente. Haz de la lectura de la Palabra de Dios y de la oración una prioridad en tu vida. Su Palabra te transformará de tal manera que los pensamientos que alguna vez te causaron dolor o insatisfacción serán destruidos. Cuando llenamos nuestra mente con las promesas de Dios en su Palabra, ya no somos las mismas porque el viejo dolor se desvanece y ya no tiene poder sobre nosotras. Por eso necesitamos dejar que Cristo transforme nuestros pensamientos diariamente, porque al hacerlo encontramos libertad. Un tiempo a solas con Dios cada día puede hacer la diferencia. Aunque Dios quiere más que una cita en tu agenda. Él quiere ser incluido en cada actividad, cada conversación, cada problema, e incluso cada pensamiento. ¡Dale al Señor la mejor parte de tu día!, cuando estás más fresca y más alerta. No trates de hacerlo con tus sobras de tiempo. ¿Qué necesitas? Una Biblia, un cuaderno de apuntes para escribir lo que el Señor te enseña y para hacer una lista de oraciones, además de un aparato, que puede ser tu teléfono, para poner música y adorarle.

El Señor te dice

Cíñete los lomos de tu mente. Recuerda mi bondad, dame el control de tus pensamientos. Recuerda todas aquellas cosas que he hecho por ti. Recuerda cómo he sido uno contigo. Escribe un libro de recuerdos en tu corazón para que puedas llegar a la conclusión de que lo que he hecho por ti es evidente. Yo no he terminado de hacer las cosas que necesitan ser hechas, y ciertamente, serán buenas para tu alma, tu mente y tu cuerpo.

Si prestas atención, sabrás que estoy mostrándote el camino para mejorar tus circunstancias, lo que finalmente resultará en una mejor calidad de vida. Yo estoy revelando las cosas que necesitan ser cambiadas y que pueden ser cambiadas porque serán de beneficio para ti; pero todo depende de ti, de que tú hagas lo que es necesario, que renueves tu pensamiento alineado con mi amor y anhelo por tu bienestar.

Oremos

Amado Padre, vengo a ti en el nombre de Jesús, reconociendo que mis pensamientos no han sido de tu agrado. Quiero cambiar, pero sé que no puedo lograrlo sola. Solo tú tienes el poder de renovar mi mente; por eso hoy decido llevar cautivos todos mis pensamientos a tus pies, para obedecerte solo a ti. Hoy declaro que tengo tu mente, Cristo Jesús, y decido pensar a tu manera, para que se manifieste claramente tu propósito en mi vida. Amén.

DÍA 4

UN ENTRENADOR PERSONAL

La mujer que de verdad triunfa,
es aquella cuya vida está totalmente
controlada por el Espíritu Santo.

BEVERLY LAHAYE

Recibí a Jesús en mi corazón cuando tenía ocho años, mientras participaba en una escuela bíblica de vacaciones. Sin embargo, siempre hubo en mí una sed de algo más. Hasta años más tarde, cuando conocí al Espíritu Santo, descubrí que era mi amigo y que siempre había estado allí, desde que le entregué mi corazón a Jesús (Efesios 1:13). Además, comprendí que no era lo mismo permitir que habitara en mí a recibir su llenura. El proceso de hacerlo parte de mi vida fue continuo; requirió de oración, de estudiar la Palabra de Dios y ser obediente. No fue algo que alcancé de un momento a otro, sino que fue una jornada de crecimiento constante en mi fe y dependencia de Dios al buscar su presencia todos los días, rindiendo mi voluntad y permitiendo que me transformara y moldeara; además de reconocer mis debilidades y fallas, pero confiando en que Él perfeccionaría su obra en mí.

SU LLENURA

Todas necesitamos desesperadamente la llenura del Espíritu Santo para avanzar en la vida que Jesús compró para nosotras a través de su muerte y resurrección. No hay otra manera de lograrlo. 2 Timoteo 1:14 dice: "Mediante el poder del Espíritu Santo, quien vive en nosotros, guarda con sumo cuidado la preciosa verdad que se te confió". La principal obra del Espíritu Santo es capacitarnos y entrenarnos para vivir plenamente gracias a Jesús.

Durante tantos años de amistad con el Espíritu Santo, nunca he necesitado justificarme o defenderme. No tengo que preocuparme de que piense mal de mí. Él me ve como la niña de sus ojos; a la luz de la obra salvadora de Jesús, sonríe y dice: "¡Ángeles, miren! ¿No es hermosa?"

Él se deleita absolutamente con mi compañía. Podemos conocer que el Espíritu Santo es en verdad una persona divina porque posee mente, emociones y una voluntad.

El Espíritu Santo piensa y conoce (1 Corintios 2:10). El Espíritu Santo puede ser contristado (Efesios 4:30). El Espíritu Santo intercede por nosotros (Romanos 8:26-27). El Espíritu Santo toma decisiones de acuerdo con su voluntad (1 Corintios 12:7-11). El Espíritu Santo es Dios como parte de la Trinidad, nuestro Consejero y Consolador, tal como lo prometió Jesús (Juan 14:16, 26; 15:26). Lo necesitamos en nuestra vida para cumplir con el propósito de Dios en y a través de nosotras, además de que sea nuestro auxilio en todas las situaciones que vivimos a diario. Sin Él, somos impotentes.

¡No hay nada tan hermoso como una mujer llena del Espíritu Santo! Hay algo en la manera en que se comporta y se relaciona con los demás que nos permite identificarla de inmediato. Irradia una belleza natural que no necesariamente tiene que ver con su físico o apariencia. La belleza de la mujer llena del Espíritu proviene de su interior; es un reflejo del amor mutuo entre Cristo y ella. Ese amor brilla en sus ojos, flota en la melodía de su voz y se transmite a través de sus palabras y acciones. En la presencia de una hija de Dios, llena del Espíritu Santo, algo dice: "Ella ha sido reclamada para Cristo". Su alegría sincera se contagia.

Es como un perfume de gran precio que inunda el ambiente con un agradable aroma. No es una mujer perfecta, pero ella sabe que es hija de un Dios perfecto.

DEPENDENCIA TOTAL

Te animo a vivir apasionadamente dependiendo del Espíritu Santo; entonces, tu victoria frente a los desafíos no dependerá de ti ni de lo que puedas hacer, sino del Espíritu de Cristo que habita en ti. Él está luchando por ti y no será derrotado.

Hay algunas cosas que solo pueden ocurrir por el poder del Espíritu Santo (Zacarías 4:6). Jesús fue concebido y nació del Espíritu Santo. Cuando hablamos o pensamos en María, la madre de Jesús, muchas veces la vemos como una joven de quince años cabalgando en un burro para contarnos la historia de la navidad, pero al ver el tapiz de toda su vida, igual que nosotras, ella estaba en un viaje profético envuelto en misterios y desafíos que demandaban mucha valentía.

Lucas 1:30-35 dice: "—No tengas miedo, María; Dios te ha concedido su favor —le dijo el ángel—. Quedarás embarazada y darás a luz un hijo, y le pondrás por nombre Jesús. Él será un gran hombre y lo llamarán Hijo del Altísimo. Dios el Señor le dará el trono de su padre David y reinará sobre el pueblo de Jacob para siempre.

Su reinado no tendrá fin. —¿Cómo podrá suceder esto —preguntó María al ángel—puesto que soy virgen? Y el ángel dijo: —El Espíritu Santo vendrá sobre ti y el poder del Altísimo te cubrirá con su sombra. Así que al santo niño que va a nacer lo llamarán Hijo de Dios".

Luego, durante la vida en la tierra, el Espíritu Santo guio a Jesús y lo ungió para su ministerio en el bautismo. Todo lo que Jesús hizo, desde resistir la tentación en el desierto hasta resucitar a los muertos, lo hizo bajo la guía y el poder del Espíritu. Se ofreció a sí mismo como sacrificio por el Espíritu. Fue resucitado de entre los muertos por el poder del Espíritu.

Nosotras también necesitamos al Espíritu Santo en nuestra vida y Dios nos lo ha dado. Todo lo que debemos hacer es tomar tiempo para estar con Él, pedirle que hable y abrir nuestro corazón a sus palabras. No hay necesidad de forzar nada o de fórmulas elaboradas para recibirlo, porque el Señor va delante de ti y contigo en todo momento. Solo confía en que está obrando a tu favor.

SU PODER EN TI

En cada desafío y en cada victoria, si eres una mujer llena del Espíritu Santo, te mantendrás firme, sabiendo que el mismo poder que resucitó a Jesús de los muertos vive en ti y te capacita para cumplir con tu propósito divino (Romanos 8:11). No te conformes con los estándares del mundo, sino que aliméntate con los principios y valores del Reino de Dios. Para ser llena del Espíritu Santo debes vivir en entrega total a Dios, permitiendo que Él te guíe en cada paso. Solamente en amistad con el Espíritu Santo podrás ser un reflejo del amor y la gracia de Cristo en un mundo que desesperadamente necesita de su luz.

Siéntate con el Espíritu Santo y pídele que te revele el programa de entrenamiento que tiene para ti. Escríbelo y pide su ayuda para cumplirlo. Pregúntale si algo de lo que estás haciendo te aleja de su presencia, por lo que necesitas dejar esas acciones; consúltale qué necesitas incluir en tu rutina para que la relación con Él sea más profunda.

Pídele que te enseñe cómo descansar en Él. Juan 14:26 dice: "Pero el Consolador (Abogado, Intercesor, Consejero, Fortalecedor, Compañero), el Espíritu Santo, a quien el Padre enviará en mi nombre (en mi lugar, para representarme y actuar en mi nombre), Él les enseñará todas las cosas. Y les ayudará a recordar todo lo que les he dicho".

El Señor te dice

No te he dejado para que enfrentes esta vida por tu cuenta. Te he dado a mi Espíritu Santo que vive en ti. Él está ahí para empoderarte, dirigirte y guiarte a través de las pruebas de la vida. Él es tu Consolador y Confidente. Te acompaña y te anima para que perseveres cuando las cosas se ponen difíciles. Él iluminará mi Palabra escrita para ti y te llevará a comprender la verdad que trae libertad.

No olvides hablar con Él y pedirle ayuda. ¡Él es tu entrenador personal! Pregúntale sobre tu programa de entrenamiento, consúltale sobre qué estudiar, qué orar, cuándo ayunar y cuándo descansar en su presencia. Sí, incluso los atletas tienen períodos de descanso para permitir que su cuerpo se recupere de su entrenamiento. De la misma forma, escucha al Espíritu Santo que te guiará a descansar en su presencia.

Oremos

Espíritu Santo, te recibo como mi Consolador, mi fuerza, y mi guía. Gracias por sellar mi vida con Cristo. Te pido que me dirijas a toda verdad. Úngeme para el resto de mi vida y mi caminar.

A partir de hoy, conduce mi vida hacia Jesús. Te abro mi corazón y te rindo todos los aspectos y áreas de mi vida: mi cuerpo, mi alma y mi espíritu. Escojo ser llena de ti y caminar a tu lado en todo momento. Recibo todos los dones espirituales que tienes para mí. Lléname de nuevo, bendito Espíritu Santo. Te recibo con agradecimiento y te doy toda autoridad sobre mi vida, en el nombre de Jesús. Amén.

DÍA 5

VESTIDA
DE AMORES

*Ninguna relación que una mujer
experimente será más plena que la relación
que existe entre ella y su Señor.*

T. D. JAKES

Somos almas que buscan una experiencia real con el amor. Dios es ese amor (1 Juan 4:8-9). Así que, para experimentar verdaderamente el amor, debemos conocerlo, es decir, conocer a aquel que es amor. La Biblia dice que cuando nacemos de nuevo, el Espíritu Santo viene y derrama el amor de Dios en nuestro corazón (Romanos 5:5).

¡¿No es asombroso?! ¿Qué quiere Dios de ti? Quiere lo mismo que tú, quiere enamorarte, que lo ames, que lo conozcas íntimamente como solo los enamorados pueden hacerlo. Quiere tu obediencia, aquella que fluye de tu amor por Él.

Fuiste creada para llenar un espacio en el corazón de Dios que nada ni nadie más puede llenar; ¡Él te anhela! Si realmente queremos vivir en plenitud, debemos soltar las distracciones que nos mantienen en letargo y oscuridad espiritual. Lo correcto, en este momento, es buscar la presencia del Dios vivo que está lo suficientemente cerca para escuchar el susurro de tu corazón. Si queremos que nuestros sueños se cumplan, debemos entrar en la presencia de Dios y vestirnos de amores.

El libro de Cantar de los Cantares en la Biblia revela el corazón de Dios para nosotros en esta temporada mientras salimos de la esclavitud y llegamos a la plenitud. Pero también nos apunta a aquello todavía más excelso: el amor que Jesús tiene por nosotros, la Iglesia (Efesios 5:25). La historia de la novia Sulamita en los cantares de Salomón está llena de imágenes de intimidad. La confianza mutua de la novia y del amado nos da una valiosa visión de cómo avivar la llama del primer amor por Dios. Estamos siendo llamadas para tener intimidad con nuestro amado y luego dar mucho fruto. La voz del Señor está despertando a su novia dormida (Cantar de los Cantares 5:1-6). El Rey está cortejando a su novia, despertándola para llevarla a un lugar de intimidad. Él desea conformarnos a su imagen y nos está comisionando para la cosecha de los últimos tiempos. El Espíritu del Señor ahora está dándonos una orden poderosa "despierta".

PEREZA ESPIRITUAL

El mensaje es claro. Cantares 5:2-3 dice: "Yo dormía, pero mi corazón velaba. ¡Y oí una voz! ¡Mi amado estaba a la puerta! «Hermana, amada mía; preciosa paloma mía, ¡déjame entrar!» Mi cabeza está empapada de rocío; la humedad de la noche corre por mi pelo». Ya me he quitado la ropa; ¿cómo volver a vestirme? Ya me he lavado los pies; ¿cómo ensuciarlos de nuevo?" En este pasaje, ella responde con una excusa. Su respuesta al llamado del novio es tan diferente a la respuesta de aquella novia dispuesta y llena de amor que leemos en los primeros capítulos del libro de Cantares.

Amada, no seas como la Sulamita que no estuvo dispuesta a responder a la voz de su amado. Ella respondió a la invitación que tanto había anhelado con una lista de razonamientos. La imagen que tenemos aquí es de letargo y pereza espiritual. Muy a menudo nos encontramos medio dormidas, no por estar haciendo abiertamente algo malo, sino porque somos complacientes, indiferentes a la voz de nuestro amado. Su complacencia le costó a la Sulamita la visita que tanto había deseado. Cuando Él llama, debemos abrir. Cantares 5:6 dice: "Le abrí a mi amado, pero ya no estaba allí. Se había marchado y tras su voz se fue mi alma. Lo busqué y no lo hallé. Lo llamé y no me respondió".

La Sulamita perdió sus ojos de paloma. Ella no estaba centrada en su amado sino en sí misma. Ella estaba satisfecha con sus pies limpios, nítidos. Ella no quería ser molestada o incomodada o sentir la necesidad de hacer sacrificios. Ella quería disfrutar una vida segura. Ella no quería arriesgarse a quedar hecha un desastre. Nosotras también nos dejamos arrullar con todo tipo de cosas, con el exceso de trabajo o de estudios, con entretenimiento, con películas, juegos, conversaciones sin sentido, incluso con la actividad cristiana, los servicios y los programas.

Todo esto puede llenar nuestro tiempo para que asumamos una actitud complaciente. Existe ese constante peligro de acomodarnos en la relación que tenemos con nuestro amado. Este es el tiempo de responder a su invitación, vestirnos de amores y entrar al lugar secreto con nuestro Rey antes de que sea demasiado tarde.

RELACIÓN ÍNTIMA Y PERSONAL

Cantares 5:8 dice: "Yo les ruego, doncellas de Jerusalén, que si encuentran a mi amado, ¿qué le dirán? ¡Díganle que estoy enferma de amor!" No sabemos el nombre de esta mujer, solo la conocemos como La Sulamita, pero lo que sí sabemos es que su identidad está arraigada en el amor de su amado. Es una mujer que luego de las excusas discierne lo suficiente como para saber qué necesita y quién posee la habilidad para alcanzar la meta que ella ha determinado: tener una relación íntima y personal con su amado.

Ella está hablando desde un lugar de sequedad. Ella anhela restaurar la intimidad que había experimentado en el pasado con su amado. Fuimos creadas para el romance y el único que puede ofrecérnoslo de forma incondicional y profunda es Jesús. A medida que el enfoque de la Sulamita cambia respecto a su Rey, su jardín florece y crece. Incluso en su imperfección, vemos que se produce una hermosa transformación que produce frutos fragantes para su amado. Y así, a medida que profundizamos en Cristo, Él se deleita en los frutos fragantes de nuestra vida.

Vístete de amores, vístete de adoración y alabanza. ¡Él descenderá allí para disfrutar de la intimidad contigo!

El Señor te dice

Te atraeré hacia mí, te atraeré hacia mis aposentos, donde te susurraré al oído lo mucho que te amo. Yo soy amor y te enamoraré con la verdad de mi Palabra. Te estoy llamando a regresar a tu primer amor conmigo. Estoy despertándote, mi amada novia, con gracia y misericordia. Cada cuento de hadas que hayas escuchado es solo eso: un cuento vacío de la verdad. Yo soy el príncipe que despierta a su novia con el beso de amor, porque ella ha sido lanzada en un sueño profundo. Tú has sido adormecida, pero Yo vendré a rescatarte y cabalgaré en un caballo blanco dispuesto a todo por tu amor.

Oremos

Amado Jesús, ¡te amo! Mi corazón humilde y arrepentido te anhela ahora más que nunca. Reconozco que en ocasiones he dejado de lado mi primer amor por ti y he permitido que otras cosas ocupen el primer lugar en mi vida. ¡Perdón por permitir que la llama se apagara! Aviva mi amor por ti. Purifica mi corazón. Purifica mi alma. Confío en ti y en que nunca me abandonarás. A partir de ahora, permitiré que el fuego de tu amor queme en mí todo lo que la vida trae y que intenta distraerme para evitar que me acerque a ti de una manera nueva. Me rindo a tu apasionado amor por mí. Amén.

DÍA 6

MUJER CHAYIL

*Eres amada de modo único
porque fuiste creada de modo único.*

LISA BEVERE

En su libro La mujer, arma secreta de Dios, Ed
Silvoso escribió: "Hermanas, que la calidez del
placer de Dios toque cada hoja del árbol de su alma
que ha estado cubierto por el hielo de la indiferencia y
la incomprensión". Escuchen la voz del Espíritu Santo
penetrando en lo más profundo de su ser y declarando
con voz solemne y convincente: "Cuando la primera

mujer fue creada, Dios sonrió y se felicitó a sí mismo especialmente... algo que vuelve a hacer cada vez que nace una mujer". Esto me hace pensar en las palabras de Isaías 62:4: "Nunca más se dirá de ti: Abandonada, ni de tu tierra se dirá jamás: Desolada; sino que se te llamará: mi deleite está en ella, y a tu tierra: Desposada; porque en ti se deleita el Señor, y tu tierra será desposada". Dios se deleitó cuando te creó.

Solo podrás tener plenitud y realización como mujer cuando estés funcionando conforme a la naturaleza con la que fuiste creada. Cuando Dios creó a la mujer, le impartió una identidad distinta que llevaría por el resto de su vida. En Génesis 2:18, Dios dijo: "No es bueno que el hombre esté solo. Le haré una ayuda idónea para él".

FUERTE, PODEROSA Y VALIENTE

Ser ayuda idónea es un rol elevado y extraordinario. Esto es evidente en que la palabra hebrea que la Biblia usa para «ayuda» es «Ezer», la que también es atribuida a Dios en otros pasajes de la Biblia, donde se revela como nuestro ayudador. Por esta razón, Ed Silvoso dice que la mujer es el brazo derecho de Dios, un arma secreta para traer los avances del cielo a la tierra. ¡Es tiempo de que la mujer rompa con las limitaciones autoimpuestas y tome el sitio de honor que Cristo tiene para ella!

No se trata de un lugar de pasividad. Al contrario, es el frente mismo de los planes de Dios. La Biblia abre con una amenaza de Dios a Satanás en Génesis: "Pondré enemistad entre ti y la mujer" (Génesis 3:15) y cierra en Apocalipsis con la figura de una ciudad donde multitud de personas habitan con Dios para siempre, porque la simiente de la mujer, Jesús, ha aplastado la cabeza de Satanás (Apocalipsis 21).

La mujer que Dios creó está dotada con dones y características excepcionales que deben ser activadas. Necesitamos comenzar a vivir desde un código postal celestial para ver las cosas desde la perspectiva del cielo. Dios nunca creó a las mujeres para que fueran débiles. Ellas fueron creadas para ejercer dominio y caminar no delante, ni atrás, sino al lado de los hombres (Génesis 1:26-28). El Señor nos está posicionando en esta hora con una identidad clara, conociendo la razón por la cual nos creó. Para vivir en plenitud y florecer a través de la intimidad con Él; con una nueva autoridad, creatividad, autenticidad y fuerza.

Hay tres palabras en Proverbios 31 que describen a esta mujer virtuosa y también a sus manos. La palabra hebrea para virtuosa es «Chayil» que significa valiente, ejército. La otra palabra es «Kaph» que ilustra las palmas de unas manos extendidas que ruegan por la gracia y misericordia de Dios.

Por último «Yad» que significa manos abiertas o cerradas para asir, manos de guerrera. Esta palabra también se usa en el Salmo 144:1: "Bendito sea el Señor, mi roca, que adiestra mis manos para la guerra, y mis dedos para la batalla".

La mujer Chayil usa ambas manos para edificar (Proverbios 14:1). Es colaboradora con Dios para el cumplimiento de su plan y sus propósitos en la tierra. Ella no es solo una buena mujer, ella es una mujer fuerte, poderosa y valiente.

La autora, Stella Payton, dice: "Chayil en su contexto hebreo original es "eshet chayil", que significa «mujer de valor». Valor significa gran valentía ante el peligro, especialmente en la batalla. Implica coraje, hacer lo que le asusta. La palabra hebrea «Eshet» es la forma constructiva de «Isha» que significa mujer, y «Chayil» es valentía".

Sifra y Fúa, Débora, Jael, Ester, Ruth, por mencionar algunas, son mujeres en la Biblia de las que Dios quiso dejar memoria para darnos hermosos ejemplos de valentía, fortaleza, audacia y confianza en Él. Estas mujeres se pusieron en las manos de Dios y, con honor, fuerza y valentía, como mujeres «chayil» asumieron su rol de ayuda idónea.

LA QUE TEME AL SEÑOR

Podemos ser valientes y osadas y seguir siendo femeninas. Dios no favorece de manera especial a hombres ni a mujeres. La Escritura muestra a ambos siendo usados por Él para concretar sus planes, valiéndose de su perfecto diseño y de sus diferencias para llevar a cabo su obra de redención. El apóstol Pablo escribió: "No hay judío, ni griego, ni esclavo, ni libre, ni hombre, ni mujer, sino que todos ustedes son uno en Cristo Jesús" (Gálatas 3:28). Nunca eres menos como mujer y Jesús siempre estuvo dispuesto a romper las reglas culturales para comprobarlo.

¿Cuál es el secreto para ser una mujer Chayil? Lo encontramos en Proverbios 31:30: "El encanto es engañoso, y la belleza no perdura, pero la mujer que teme al Señor será sumamente alabada". De eso se trata ser mujer. No puedes ser una mujer Chayil en el verdadero sentido bíblico a menos que temas al Señor. De lo contrario, será solo un caparazón vacío. Tu identidad no está fundamentada simplemente en tu belleza física, sino en ser una mujer de valor que honra y reverencia a Dios por sobre todas las cosas.

El temor del Señor es huir del pecado. Por eso, el temor del Señor está lleno de paz, seguridad y esperanza que nos mantiene cerca de su corazón misericordioso, mientras que el pecado nos aleja de quien es nuestra fortaleza, nuestro refugio, nuestro santuario, nuestro escudo, nuestro sol. Isaías 8:13 dice: "Solo al Señor de los ejércitos tendrán ustedes por santo, solo a Él deben honrarlo, solo a Él han de temerlo. Él será un santuario". Un temor apropiado del Señor nos mantiene bajo la sombra de sus alas, donde el temor sobra.

Salmos 33:18 dice: "Los ojos del Señor están sobre los que le temen; de los que esperan en su gran amor". Una mujer que teme al Señor no huirá de Dios para satisfacer sus anhelos y aliviar sus ansiedades. Ella esperará en el Señor. Ella tendrá esperanza en Dios. Ella permanecerá cerca del corazón de Dios y confiará en sus promesas.

Proverbios 31:25 dice: "El poder audaz y la majestad gloriosa la envuelven mientras se ríe con gozo en los días postreros". Estás envuelta en la majestad de tu Dios.

El Espíritu Santo está soplando valor, fuerza, honor, fortaleza y propósito en ti. Estás aquí en el mundo con un propósito; estás equipada con estrategias y soluciones celestiales. Tú eres su hija amada y eres importante en la historia de Dios en este tiempo. ¡No te detengas más, mujer Chayil!

El Señor te dice

Estoy enviando el soplo de mi Espíritu sobre mis hijas, para resucitar su identidad y sus sueños. Estoy llamando a mis preciosas hijas desde los cuatro rincones de la tierra. Han estado bajo una batalla tan intensa que las ha agotado, pero ahora están saliendo de una temporada de pruebas que solo alimentó su fuego. Esta última temporada sirvió como un campo de entrenamiento espiritual, y ahora están listas para gobernar y reinar.

Ustedes son mis hermosas mujeres Chayil que tienen sus lámparas rebosando de aceite. Pero no cualquier aceite, sino un aceite muy costoso, el aceite más precioso. Un aceite que ha sido vertido a mis pies. Yo me deleito en ustedes porque son fuertes y valiosas. Las he dotado de poder, valentía, resiliencia y belleza. Nunca duden de su valor ni de su capacidad para lograr cualquier cosa que se propongan, porque siempre estaré con ustedes.

Oremos

Amado Padre, vengo a ti en el nombre de Jesús, agradecida porque me valoras como mujer. Ayúdame a jamás dudar de que me has diseñado con un propósito y un plan. Sé que mi valor y mis derechos fueron clavados en la cruz del Calvario; por eso, soy una mujer redimida, una mujer Chayil que fue comprada a través de la sangre de Jesús para operar en poder y autoridad.

Me has revestido de fuerza, honor y valentía para enfrentar a los principados, potestades y fuerzas del maligno. Me rindo ante ti para recibir la asignación que tienes para mí como ayuda idónea, porque confío en la identidad que me diste como tu hija. Amén.

DÍA 7

HIJA DE SARA

Nosotros sin Dios no podemos,
Dios sin nosotros no quiere.

SAN AGUSTÍN

Dios está buscando mujeres con una fe grande y poderosa. Él ve más allá de quienes están sentadas en las bancas de una iglesia; Él mira dentro del corazón para encontrar a una mujer que responderá con fe. El día del dolor y del llanto puede convertirse en el día de la fe y de la fuerza. La fe no es un ingrediente mágico, sin embargo, nos conduce a una actitud de verdadera confianza en Dios. Creer en Dios es tener la convicción de que hará todo lo que nos ha prometido. Él espera que actuemos conforme a esa creencia. Nos exige que tengamos una confianza viva en su existencia, su poder, su amor y sus promesas. Estoy convencida de que no habrá una manifestación plena del plan de Dios para las mujeres al crearlas como dadoras de vida, hasta que se llenen de fe y ocupen su lugar en ese plan maestro.

El camino ha sido estrecho y desafiante. Para miles de mujeres, los tiempos que vivimos han sido como caminar en una cuerda floja. Mucho de lo que está sucediendo a nuestro alrededor es confuso y escuchar a Dios requiere un esfuerzo extra. Es difícil luchar contra la ansiedad, la confusión, el temor y la incertidumbre. Muchas han pasado por temporadas secas y áridas. Su vida ha sido como el lecho de un río seco y sediento, lleno solo de dolor. En medio de este desierto es fácil perder la esperanza, pero Dios nos dice que sigamos creyendo porque viene el día cuando terminará la sequía y llegarán las lluvias.

LUCHA CONTRA LA INCREDULIDAD

En Sara, tenemos la feminidad en su máxima expresión, aunque incluso esta mujer piadosa luchó contra la duda y la incredulidad, por lo que se involucró en una manipulación que trajo dolor a la vida de las personas que Dios había puesto a su alrededor. La promesa que Dios les dio en Génesis 15 parecía imposible. ¿Cómo sería que ella podría tener un hijo? Al contrario de lo que sucedió con ella, Abram escuchó y creyó. Este fue un gran paso de fe porque él y su esposa, Saraí, no habían podido concebir hasta ese momento.

Dios le dijo a Abram que se trataba de un "pacto", con lo cual afirmaba que no importaba lo difícil o imposible que fuera, él podía contar con la promesa porque podía contar con Dios. Pero a medida que pasó el tiempo y Dios no actuó según el cronograma que Abram y Saraí esperaban, la duda y la impaciencia aparecieron en escena.

Detrás de la incredulidad de Sara se escondía el deseo y la costumbre de hacer solo su voluntad. Ella quería un hijo y estaba dispuesta a hacer todo lo posible para conseguirlo. La voz de Sara hizo que Abraham dejara de confiar en la promesa de Dios. Entonces dijo: "El Señor no me ha permitido tener hijos. Ve y acuéstate con mi sierva; quizá yo pueda tener hijos por medio de ella. Y Abram aceptó la propuesta de Saraí" (Génesis 16:2).

La unión de Abraham con Agar condujo al nacimiento de Ismael. Así se fracturó la lealtad en su matrimonio y la familia se sumergió en una batalla de resentimientos ocultos. Las consecuencias de esta mala decisión fueron años de dolores de cabeza, angustias y problemas en su hogar, en su vida y en el futuro de las naciones.

Hay muchas maneras en las que una mujer puede usar el poder y la influencia que Dios le dio para obtener lo que quiere, pero de esa manera lo deshonra y provoca dolor a quienes la rodean. Eso es lo que Sara estaba haciendo, y el resultado fue que la duda se apoderó de su corazón. Ella luchó contra la incredulidad porque sus ojos no estaban puestos en Dios, sino en la imposibilidad; era anciana y era estéril. Quizás ahora mismo tú también tengas un desastre en tu vida: promesas de Dios que no se han cumplido y temor a que tus insuficiencias y errores te hayan descalificado. Quizá quieras rendirte, pero no lo hagas. No te muevas por lo que ves o sientes; mantente firme en las promesas de Dios, no temas, solo vuelve a creer.

COMPROMISO TOTAL

Dios se presentó ante Abraham, no para acusarlo, castigarlo o para decirle que sus errores lo habían descalificado. ¡No! Se presentó para decirle "Yo soy el Dios Todopoderoso; anda delante de mí, y sé perfecto. Y yo estableceré mi pacto contigo, y te multiplicaré en gran manera" (Génesis 17:1-2) La palabra «perfecto» significa, literalmente, «completo».

Dios quería todo de Abram y Saraí; quería un compromiso total porque Él cumpliría su promesa. "Y estableceré mi pacto contigo". Dios le recordó a Abram que no había olvidado el pacto. Aunque habían pasado unos veinticinco años desde la primera vez que se hizo la promesa, y aunque quizá le pareció a Abram que Dios había olvidado, a Dios no se le escapa nada.

Abraham aparece en la Biblia como el padre de la fe. Sin embargo, Sara no podía depender de la fe de su esposo; ella necesitaba su propia fe. Sara recibió el poder de concebir porque "se consideró fiel al que había prometido". La fe de Sara también fue restaurada a través de este encuentro con Dios. Hebreos 11:11 dice de ella: "Fue por la fe que hasta Sara pudo tener un hijo, a pesar de ser estéril y demasiado anciana." Ella creyó que Dios cumpliría su promesa.

1 Pedro 3:5-6 dice: "Así se adornaban en tiempos antiguos las santas mujeres que esperaban en Dios, cada una mostrando respeto a su esposo". Tal es el caso de Sara, que obedecía a Abraham y lo llamaba su señor. Ustedes son hijas de ella, si hacen el bien y viven sin ningún temor.

John Piper dice: "La raíz más profunda de la feminidad mostrada en este texto es la esperanza en Dios. Una mujer cristiana no pone su esperanza en su esposo, si es casada, o en otras personas. Tampoco la pone en su trabajo o en sus capacidades para hacer negocios. Ella pone su esperanza en las promesas de Dios. Ella aleja su mirada de los problemas, las miserias y los obstáculos de la vida que hacen parecer al futuro un lugar inhóspito. Ella concentra su atención en el soberano poder y amor de Dios que reina en el cielo y hace en la tierra lo que le place. Ella conoce su Biblia y conoce de la soberanía de Dios; ella conoce la promesa de que Él estará con ella, la ayudará y fortalecerá, sin importar lo que pase".

La vida de Sara es una lección positiva de fe y de la inquebrantable voluntad de Dios por cumplir sus promesas. Cuando caminas por fe, no hay nada que pueda impedirte seguir la visión que Dios te ha dado. Dios está levantando a las hijas de Sara en nuestros días. Son mujeres que luchan contra la ansiedad que crece en su corazón. Pelean la batalla contra el temor, y lo vencen con la esperanza en las promesas de Dios.

Hebreos 11:11 dice: "La fe de Sara abrazó el poder milagroso de concebir a pesar de que era estéril y había pasado la edad de tener hijos, porque la autoridad de su fe descansaba en Aquel que hizo la promesa, y ella aprovechó Su fidelidad".

El Señor cumplió Su Palabra e hizo por Sara todo lo que había prometido. Ella quedó embarazada y le dio a

Abraham un hijo en su vejez. Esto sucedió justo en el momento en que Dios dijo que sucedería y Abraham llamó a su hijo Isaac, que significa "risa".

Génesis 21:6-7 declara: Y Sara dijo: "Dios me ha hecho reír, y todos los que se enteren de que he tenido un hijo se reirán conmigo". ¿Quién hubiera dicho a Abraham que Sara amamantaría hijos? Sin embargo, le he dado un hijo en su vejez.

LA MAYOR VICTORIA

En algún momento de nuestra vida todos hemos experimentado la ansiedad de la espera. Un cónyuge, un sueño, una sanidad, la restauración de una relación... quizá como Sara, el anhelo de tener un hijo... Recuerda: eres hija de Sara, así que puedes arrepentirte de la duda y la incredulidad, y volver a tener esperanza en que Dios cumplirá sus promesas en tu vida.

Sin esperanza no puedes tener fe porque "la fe es la certeza de lo que se espera, la convicción de lo que no se ve" (Hebreos 11:1). Dios está buscando mujeres con una gran fe. Él está buscando a quienes estén dispuestas a entrar en el paisaje de la tierra prometida que el Padre les está dando, y puedan verla con ojos de fe y esperanza. La mayor victoria que jamás habrá fue la cruz. Sin embargo no parecía una victoria. Cuando Jesús fue clavado en la cruz, parecía que el mal había prevalecido contra el mayor bien que haya caminado sobre la tierra, pero lo que parecía derrota fue la victoria más trascendental. Así que las grandes victorias no siempre lo pareceran al principio. Por eso, no podemos perder la esperanza, sin importar cómo parezca que el mal ha prevalecido. El mal puede parecer que gana por un tiempo, pero no es una victoria permanente. La victoria definitiva de Cristo es segura y es para la eternidad.

El Señor te dice

No permitas que el desánimo aniquile tu fe. Mantente fuerte, y aumenta tu fe a través de leer, escuchar, entender y estar de acuerdo con mi Palabra (Romanos 10:17). Mantén estrecha vigilancia sobre tus pensamientos y haz los ajustes donde sea necesario para mantener una fuerte e incuestionable fe. La fe es tu mayor activo, y debes protegerla a toda costa, porque ya no serás llamada "princesa estéril" sino que serás conocida como hija de Sara, la mujer en quien Dios cumplió su pacto.

Oremos

Señor Jesús, yo no he podido cambiar esta situación por mis medios y con mis recursos. Ayúdame a vencer toda incredulidad. Todas las cosas son posibles para ti. Me humillo ante ti, declaro que tú eres mi Sumo Sacerdote y me mantengo firme sin fluctuar mi confesión de fe.

Me acerco al trono de tu gracia con confianza para alcanzar misericordia para el oportuno socorro. Yo declaro, Padre, que todo desánimo del enemigo ahora queda sepultado en el nombre de Jesús. Me declaro libre y confieso que todo lo puedo en Cristo que me fortalece. Amén.

DÍA 8

MÁS DULCE QUE EL PERFUME DE LAS FLORES

*Una fragancia bien escogida puede ser
una característica distintiva.
Es la primera cosa que la gente percibe
cuando entras en una habitación
y la última que sienten cuando te vas.*

GIORGIO ARMANI

C omo mujer, estás familiarizada con los aromas de los perfumes, los ungüentos y los jabones. También sabes lo que es percibir un mal olor o un hedor. En muchas culturas, el uso de perfumes está asociado con la feminidad y el cuidado personal. Los perfumes nos hacen sentir atractivas y confiadas; y el aroma de un buen perfume puede influir en nuestra actitud y emociones, yendo más allá de una simple fragancia. Durante años he usado el mismo perfume con una fragancia suave y floral; alguien una vez me dijo: "Sabía que habías venido porque percibí el olor de tu perfume".

¿Qué tipo de fragancia deja tu vida cuando pasas junto a otros? Dios dispuso que tú, como su novia, huelas al dulce aroma del Espíritu Santo para que camines como una princesa, de tal manera que cuando entres a una habitación, todos perciban el grato aroma de una fragancia más dulce que la de las flores.

Teresa de Calcuta oraba todos los días: "Amado Jesús, ayúdame a esparcir tu fragancia por dondequiera que vaya. Inunda mi alma con tu espíritu y amor. Penetra y posee todo mi ser tan completamente, que mi vida solo sea un resplandor de la tuya". Ella sabía que su vida rendida y entregada a Dios y a servir a la humanidad era una forma de inundar el mundo con el aroma del cielo.

FRAGANCIA CELESTIAL

De la vida de Ester aprendemos que, si queremos ser victoriosas, necesitamos esa fragancia celestial. Ester 2:12 dice: "Ahora bien, para poder presentarse ante el rey, una joven tenía que completar los doce meses de tratamiento de belleza ordenados: seis meses con aceite de mirra y seis con perfumes y cosméticos".

Estos tratamientos de belleza no solo eran para embellecer físicamente a las jóvenes, sino también para asegurarse de que estuvieran completamente purificadas y listas para presentarse ante el rey. La mirra y otros ungüentos y perfumes se consideraban esenciales para la purificación y preparación adecuada en esa época y cultura. Además, estos tratamientos servían para asegurarse de que las jóvenes estuvieran en perfectas condiciones de salud y belleza. La dulce fragancia que Ester emanaba hizo que el rey no solamente la aceptara, sino que también la favoreciera y la hiciera su esposa.

Recuerdo uno de los consejos de mi padre. Siempre me decía que una mujer debía oler a Espíritu y no a carne. Sus palabras eran: "Toma en cuenta, hija, que hay un león rugiente buscando a quien devorar (1 Pedro 5:8) y ese león busca siempre alimentarse de carne, pero el olor al Espíritu lo repele". John Piper dice: "La carne es la raíz orgullosa e insumisa de la depravación en cada corazón humano; es el viejo ego que es autosuficiente y no se deleita en ceder ante ninguna autoridad ni depender de ninguna misericordia".

En la vida cristiana, manifestar el fruto del Espíritu es un constante considerar la carne como muerta (amontonando piedras sobre su tumba) y una constante confianza en el Espíritu presente de Cristo para producir amor, gozo y paz interior (Romanos 8:6-8).

Gálatas 5:19-21 dice: "Las obras de la carne se conocen bien: inmoralidad sexual, impureza y libertinaje; idolatría y hechicería; odio, discordia, celos, arrebatos de ira, rivalidades, desacuerdos, sectarismos y envidia; borracheras, orgías y otras cosas parecidas. Les advierto ahora, como antes lo hice, que los que practican tales cosas no heredarán el reino de Dios".

Una mujer carnal es aquella que ha recibido a Cristo, pero que vive en derrota porque confía en sus propios esfuerzos para vivir. Cuando damos lugar a que opere en nosotros nuestra carne, se abren las puertas para que el enemigo venga sobre nosotros con todo su poder y nuestra mente se convierte en su campo de batalla. Cuando esto sucede, nos salimos del lugar de la protección de Dios; no es que Él no nos proteja, es que voluntariamente nos alejamos de su protección.

Entonces, comenzamos a exhalar un olor particular que el león rugiente comienza a percibir y lo motiva para acercarse a ti y atacarte. Andar en la carne es todo pensamiento, todo razonamiento, toda decisión y toda acción que tomas sin la guía del Espíritu Santo.

Sé muy intencional sobre lo que permites en tu vida, en tus pensamientos y decisiones. Cuida tus ojos, tu mente, tu corazón. Permanece sin contaminarte, pura, limpia y confiada.

LUCHA CONSTANTE

En Gálatas 5:16-17, se describe claramente la lucha interna que todas enfrentamos: "Así que les digo: vivan por el espíritu, y no seguirán los deseos de la naturaleza pecaminosa. Porque ésta desea lo que es contrario al Espíritu, y el Espíritu desea lo que es contrario a ella. Los dos se oponen entre sí, de modo que ustedes no pueden hacer lo que quieren".

La clave para sobrevivir a esta lucha radica en buscar con insistencia al Espíritu Santo. ¿Qué significa esto realmente? Pablo nos da una clara instrucción en Gálatas 5:16: "Vivan por el espíritu". Esto implica una vida guiada y empoderada por el Espíritu Santo, donde nuestras acciones, pensamientos y decisiones están alineadas con la voluntad de Dios.

En contraste con las obras de la carne, Pablo nos presenta el fruto del Espíritu en Gálatas 5:22-24: "En cambio, el fruto del Espíritu es amor, alegría, paz, paciencia, amabilidad, bondad, fidelidad, humildad y dominio propio. Contra tales cosas no hay ley. Los que son de Cristo Jesús han crucificado la carne con sus pasiones y deseos". Estos atributos no son simplemente metas por alcanzar, sino evidencias de una vida transformada y guiada por el Espíritu Santo. Al buscar y cultivar estas virtudes en tu vida, estás fortaleciendo tu espíritu y debilitando el poder de la carne. Entonces, serás portadora de la dulce fragancia del Espíritu Santo para impregnar a quienes te rodean.

La solución radical es crucificar la carne con sus pasiones y deseos (Gálatas 2:20). Lo que implica renunciar a nuestros deseos egoístas y someter nuestra vida completamente a Cristo, permitiendo que el Espíritu Santo guíe nuestros pasos. Esta es una decisión constante y una disciplina diaria. Permite que Él te llene de su grato aroma, un perfume que perdurará hasta la eternidad. 2 Corintios 2:15 dice: "Y nosotros somos ese suave aroma que Cristo ofrece a Dios. Somos como un perfume que da vida a los que creen en Cristo".

El Señor te dice

Amada hija: Ven a mí y deja que llene tu frasco de alabastro. Lo necesitarás en los próximos días. Sé sabia, hija mía, ven a tu lugar secreto a encontrarte conmigo. Yo estoy esperándote para perfumarte con mis palabras; que mi voz te oriente en la dirección de tu viaje y en tu toma de decisiones.

Déjame llenarte con mi esperanza y mi paz, mi sabiduría y mi punto de vista sobre las cosas que están sucediendo en tu vida y en el mundo. No confíes en tu propia sabiduría y conocimiento porque no serán una base firme. Corre hacia mí, déjame perfumarte con mi amor. Estoy esperándote.

Oremos

Padre, quiero ser verdaderamente el aroma de Cristo y que tu dulce presencia sea evidente donde quiera que yo voy. Lléname con tu Espíritu Santo para complacerte con todo lo que piense, diga y haga. Perfeccióname en tu amor, envuélveme con tu aroma y muéstrame con tu infinita delicadeza lo que de mí no se alinea con una vida en el espíritu.

Llena mi mente con tu sabiduría y entendimiento para que pueda conocer la profundidad de tu amor por mí. Quiero que mi vida te agrade. Señor, que en mi caminar se perciba el olor grato de Cristo, que todo lo que haga sea para tu deleite y suba ante ti como la mejor ofrenda de obediencia y amor. Amén.

DÍA 9

COMPRADA CON
SU SANGRE

*Lo que Jesús hizo por mí en la cruz contenía todo
lo que necesitaría para el tiempo y la eternidad:
física, espiritual, material y emocionalmente.*

DEREK PRINCE

Siempre he creído que la sangre de Jesucristo es el regalo más precioso que nuestro Padre celestial nos ha dado. Desde que era niña, cantaba en la iglesia con mucha alegría:

Hay poder, poder sin igual, poder en Jesús que murió, hay poder sin igual, poder en la sangre que Él vertió.

¡Esa fue siempre mi apasionada convicción! Sin embargo, son pocos los que entienden el inmenso valor y virtud de la sangre de Cristo, además de comprender sus beneficios.

El poder de la sangre de Jesús es suficiente para vencer todo lo que viene contra ti. Así es como vives en victoria con Cristo, y esa es la vida por la que Él murió. Apocalipsis 12:11 dice: "Ellos lo han vencido por medio de la sangre del cordero". La sangre de Jesús vence las acusaciones de Satanás. Esas acusaciones no significan nada en contra nuestra, porque Él ya ha pagado el precio de la pena que nuestros pecados merecían.

Era el mes de abril del año 2016, había ido a predicar a un grupo de mujeres en un poblado a dos horas de la ciudad de Guatemala. Era ya noche, pero decidimos volver porque al día siguiente debía presentarme en otro evento. En cierto punto de la carretera, mi esposo perdió el control del automóvil; de pronto todo estaba oscuro y solo sentía como girábamos en círculos. En medio de la confusión, salió un grito y un clamor de lo profundo de mi alma y dije: "¡La sangre de Cristo!"

Fue suficiente para que el automóvil se detuviera a muchos metros de la carretera, en un campo de verduras. Salimos ilesos, a pesar de que el automóvil fue declarado pérdida total. Las personas que nos auxiliaron dijeron: "En este lugar hay muchos accidentes y nadie sale vivo"; nosotros estábamos vivos y rociados con esa preciosa sangre. Cuando eres cubierta por la sangre de Jesús, estás totalmente bajo su protección contra todos los poderes destructores de Satanás (Hebreos 12:22-24).

EN NUESTRO CORAZÓN

Por favor, no debemos considerar la sangre de Jesús como un amuleto ni alimentar una superstición. La sangre nos habla de la muerte física real de Jesucristo en nuestro lugar. El rocía su sangre en nuestro corazón en respuesta a nuestra fe. 2 Corintios 4:13-14 dice: "Escrito está: «Creí y por eso hablé». Con ese mismo espíritu de fe también nosotros creemos y por eso hablamos. Pues sabemos que aquel que resucitó al Señor Jesús nos resucitará también a nosotros con él y nos llevará junto con ustedes a su presencia".

Cada vez que pronuncias el nombre de Jesús o invocas la sangre de Jesús sobre una situación, le estás recordando a Satanás su derrota (Colosenses 2:15). Así que creemos y confesamos: "Gracias, Jesús, por derramar tu sangre y morir por mí en la cruz. La preciosa sangre que derramaste en esa hora compró mi salvación, seguridad, sanidad, liberación, protección y provisión. Cubre todas mis circunstancias, todas mis situaciones, todas mis necesidades. Aplico esa provisión por fe". Muchas veces, los ataques del enemigo que vienen a robar, matar o destruir (Juan 10:10) entran a través del pecado no arrepentido. Cada vez que el Espíritu Santo nos convence de pecado, necesitamos arrepentirnos y ponerlo bajo la sangre de Jesús. Entonces no se levantará contra nosotros ni tendrá un derecho legal en nuestra vida.

El precio con el que fuimos comprados se revela en 1 Pedro 1:18-21: "Como bien saben, ustedes fueron rescatados de la vida absurda que heredaron de sus antepasados. El precio de su rescate no se pagó con cosas perecederas, como el oro o la plata, sino con la preciosa sangre de Cristo, como de un cordero sin mancha y sin defecto. Cristo, a quien Dios escogió antes de la creación del mundo, se ha manifestado en estos últimos tiempos en beneficio de ustedes. Por medio de él, ustedes creen en Dios, que lo resucitó y glorificó, de modo que su fe y su esperanza están puestas en Dios".

Su sangre es verdaderamente preciosa para nosotros, infinitamente valiosa, porque Cristo mismo, y Dios mismo en Él, es precioso para nosotros. Y porque la preciosa sangre de Cristo satisface nuestros sufrimientos y anhelos más profundos en Dios, no solo temporalmente, sino finalmente y para siempre. La recompensa de los sufrimientos de Cristo y el haber sido comprados por su sangre es para tu limpieza y embellecimiento, porque eres parte de su pueblo, su iglesia (Hechos 20:28).

UNA HERMOSA REALIDAD

El auténtico avance para el alma se produce cuando la verdad sobre la sangre de Jesús se hace realidad en nuestra vida. Persigue cada mañana las cosas que Él compró en la cruz para ti. Busca que cada latido de tu corazón vaya al ritmo del suyo.

La recompensa de su sufrimiento en la cruz por ti es también para el perdón de tus pecados (Efesios 1:7), para la justificación por tu fe (Romanos 5:9), para la reconciliación con Dios (Romanos 5:10), para la limpieza de tu conciencia (Hebreos 9:14) y la victoria final sobre Satanás (Apocalipsis 12:11).

No te sueltes de su mano hasta que puedas creer y decir desde el fondo de tu corazón: "Señor Jesús, no hay nada que desee más en mi vida que todo lo que tú compraste en la cruz para mí".

El Señor te dice

¡Este es el tiempo de aplicar mi sangre! El tiempo en que mis hijas adoptarán la identidad de la justicia de

Dios en Cristo, una nueva identidad comprada para ellas por la sangre de mi hijo, Jesús. Al aferrarse a esta identidad de justicia ante Dios, derramaré el aceite de mi Espíritu sobre ellas, ungiéndolas de maneras frescas y nuevas para cumplir mis propósitos en su vida, en su hogar y en su comunidad. ¡Levántate, toma tu justicia, tu permanente justicia debido a la sangre de Jesús que te limpia para siempre de todo pecado e injusticia, y muévete en el poder y la unción que he puesto en ti!

Oremos

¡Gracias, Jesús, por amarme y morir por mí en la cruz para darme vida! Ciertamente llevaste mis enfermedades y sufriste mis dolores, fuiste herido por mis rebeliones, molido por mis pecados, y por tus heridas soy sana.

Gracias por comprarme con tu sangre. Te amo y no importa lo que tenga que perder por seguirte. Hoy declaro mi identidad renovada en ti, gracias a tu eterno sacrificio de amor por mí. Amén.

DÍA 10

SIGUE SUS PASOS

*Las decisiones que tomamos
determinan la vida que vivimos.*

BARBIE BREATHITT

Tienes una invitación para seguir a Jesús hacia lo nuevo y lo desconocido. El Señor te está llamando a tener fe y seguir su dirección. Él te encontrará en cada paso de obediencia y te mostrará el camino a seguir.

Elegir a Jesús es una oportunidad que podemos aprovechar en cada etapa de la vida. Es una invitación que podemos aceptar, cada vez que enfrentamos un cambio importante. Elegir a Jesús requiere que dejemos de lado nuestros planes, expectativas y voluntad para buscar y seguirlo a Él a dondequiera que vaya. Seguir los pasos de Jesús significa adoptar un estilo de vida y una forma de pensar alineada con sus enseñanzas y su ejemplo.

Jesús te llama a rendirte a su voluntad y dar pasos de obediencia, a fin de posicionarte y prepararte para todo lo que Él traerá en el futuro. No es un camino fácil; de hecho, muchas veces tendrás que luchar con tus instintos de supervivencia, pero entonces deberás tomar una decisión: ¿seguirás a Jesús, cueste lo que cueste?

Este es un tiempo en el que Dios nos está llevando a lugares donde no hemos estado antes, con el objetivo de tomar posesión de nuestra herencia. Para lograrlo es necesario tomar medidas de obediencia radical, ya que esos serán los pasos más grandes que jamás hayas dado.

Él está sanando mentes y corazones para que sean movidos a la acción. Seguir los pasos de Jesús te costará todo, pero tu obediencia radical será el trampolín que te llevará a la tierra de sus promesas; rendirte a su voluntad será la llave que abrirá la puerta de acceso a los planes que tiene para ti.

HISTORIA DE REDENCIÓN

La vida de Rut en la Biblia es, antes que nada, una historia de redención, devoción y amor que describe el abandono de las tradiciones sin sentido y las circunstancias difíciles, para abrazar la verdad y un nuevo comienzo.

Rut dijo: "¡No insistas en que te abandone o en que me separe de ti! Porque iré adonde tú vayas y viviré donde tú vivas. Tu pueblo será mi pueblo y tu Dios será mi Dios" (Rut 1:16).

Noemí es una figura del Espíritu Santo que conduce a las dos jóvenes a una situación donde tendrán que escoger qué camino seguir. O van a Belén o se quedan en Moab. La decisión de Rut de acompañar a su suegra fue radical, pero el compromiso más maravilloso fue su declaración de fe: "Tu Dios será mi Dios".

Así que emprendieron el viaje y conocieron al Dios verdadero en casa de Noemí, pero era necesario hacer una confesión de su fe. Orfa eligió comodidades familiares. Ella volvió corriendo a sus dioses muertos, abandonando la salvación. De la misma forma puede sucedernos que el miedo obstaculice nuestro potencial al hacer que permanezcamos en una situación negativa en lugar de ensancharnos con fe.

La valiente decisión de Rut de seguir a Noemí incondicionalmente la catapultó hacia un lugar de fecundidad y honor. Ella se convirtió en la bisabuela del rey David, pieza clave del linaje directo del Señor. Pero antes de asumir esa posición de honor, Rut estuvo en una encrucijada: volvía atrás a lo que le era familiar o iba hacia adelante directo a lo desconocido para entrar en un fresco y nuevo territorio; ese lugar donde se uniría a Booz, que es una figura de Cristo. Del duro entorno y fracasos de Rut surgió la preparación para su destino.

Jane Hansen dice: "Dios no tenía pensado que Ruth permaneciera como viuda ni que continuara comiendo las sobras del campo de alguien más". Él había planeado que ella fuera la propietaria de ese campo. El camino de Dios es la senda de la fe. Seguir los pasos de Jesús, aunque no puedas ver el camino delante de ti, es la manera más segura de llegar a tu destino.

TIEMPO DE MOVERSE

La transición del lugar donde estabas a donde Dios quiere llevarte requiere movimiento. Detenerte en medio de la transición puede significar la muerte espiritual, emocional o física. Ruth y Noemí no se detuvieron; siguieron caminando. No tenían dinero ni comida o algo para sustentarse, pero Noemí sabía que llegarían en el momento justo de la cosecha, por lo que serían bendecidas. Tenían que seguir moviéndose ya que estaban avanzando a la tierra de la promesa y la provisión (Rut 1:19-22). Avanza hacia la tierra de la promesa y la provisión, de acuerdo con la voluntad de Dios, porque al hacerlo, todo te será añadido (Mateo 6:33). Si priorizas tu intimidad con Dios, si Él es lo primero en tu vida, la añadidura está asegurada, ya que su presencia endereza nuestro camino.

Aún en situaciones de extrema dificultad, Dios nos anima a tomar decisiones acertadas a través de su sabiduría y con su guía. Si no eres lo suficientemente sabia para avanzar y te detienes antes de llegar al lugar que Dios tiene para ti, corres el riesgo de morir espiritualmente. Al quedarte estancada, inmóvil, saldrás de la corriente que fluye de Dios. Rut siguió el camino que la llevó hasta Dios, entonces fue fértil y prosperó. Rut encontró favor y gracia ante los ojos del señor de la cosecha. Las palabras de fidelidad y obediencia que decretó establecieron un camino próspero por el cual avanzó.

El Señor te dice

Hija amada, estamos en un viaje juntos. Muchas veces has corrido delante de mí, llena de alegría, emoción y expectativa, pero sin estar consciente del camino.

Yo te rescaté, sané tus heridas y te llevé de regreso a la ruta correcta. Hoy te extiendo mi mano para animarte a caminar conmigo. No te adelantes ni te quedes atrás. Yo estoy contigo. No temas si el camino es demasiado pedregoso o empinado. Yo conozco la ruta y te llevaré al lugar que te he preparado. Hoy te digo, camina conmigo, preciosa mía, amada mía.

Oremos

Señor Jesús, te alabo y te pido que me des valentía para viajar contigo. Entiendo que para hacer esto necesito confiar en ti. Perdóname por las veces que dudé o sentí que yo sola podía llegar a mi destino. Deseo que me guíes, confío en ti. Señor, gracias porque puedo asociarme contigo hoy; ¡quiero avanzar a tu lado!

Padre, enséñame a caminar al ritmo de los latidos de tu corazón. Sé que eso te agrada. Ayúdame a priorizar, redirigir y caminar incansablemente, siguiendo tus pasos. Que el clamor desde mi interior sea como el de Moisés: "Si tú no vienes conmigo, no quiero ir" (Éxodo 33:15). Elijo que me conduzcas por tu senda, la única en la que avanzo segura hacia el honor y gloria que te pertenecen. Amén.

Mujer
Renovada

Muchas veces, cuando hacemos una evaluación de nuestra historia, podemos pensar que la vida ha sido injusta; entonces perdemos la esperanza de cambiar porque los intentos fallidos han sido demasiados, pero te tengo buenas noticias: ¡Dios puede hacer que las cosas sean perfectas y nuevas!

La palabra «renovación» tiene su origen en el vocablo latino «renovatio». El término está asociado con la acción y efecto de volver algo a su primer estado, dejarlo como nuevo, reestablecer algo que se había interrumpido, sustituir una cosa vieja por otra nueva de la misma clase, reemplazar algo.

Con la llegada de Jesús al mundo, surgió una nueva posición para las mujeres y dondequiera que Él es exaltado, la mujer obtiene su porción de posicionamiento y dignificación. Fueron las mujeres que Él sanó, liberó de demonios y restauró las que lo siguieron en su ministerio. En sus horas más difíciles ellos estuvieron allí, al pie de la cruz, y ¡fue una mujer la primera en verlo el día de su resurrección!

2 Corintios 5:17 dice: "De modo que si alguno está en Cristo, nueva criatura es; las cosas viejas pasaron; he aquí todas son hechas nuevas". Ser una nueva creación en Cristo significa que somos constantemente renovadas por medio de Él. Dios renueva nuestro corazón, nuestra

mente y cuerpo. Él incluso renueva nuestro propósito. Él no nos ha abandonado, es el diseñador de nuestra vida y nos enseña cómo vivirla. En Cristo una mujer renovada dice: "No fui hecha para limitarme a ser una mujer natural, sino que fui hecha para ser una mujer sobrenatural. Soy una mujer que existe no solo por creación, sino por crucifixión y porque el Espíritu Santo habita en mí. Soy una mujer que obtiene su identidad eterna a partir de la unión con el Dios que me creó, no de la unión con un hombre mortal".

Ser una mujer renovada implica un proceso continuo de transformación espiritual, donde buscamos diariamente reflejar el carácter de Cristo en nuestra vida. Stasi Eldredge dice: "El viaje más importante que cualquier mujer puede hacer, es el viaje para llegar a ser ella misma a través del amor de Dios".

Sanar el alma es un proceso que requiere tiempo y la disposición de dejar que Dios obre en nosotras. Involucra una combinación de oración, aferrarse a las promesas de la Palabra, comunión con otros creyentes que te ayuden a crecer, y un corazón dispuesto a perdonar y buscar la paz de Dios.

DÍA 11

PERDÓN TOTAL

Todos dicen que el perdón es una idea maravillosa hasta que tienen algo que perdonar.

C.S. LEWIS

Comprendí la importancia del perdón total cuando fui diagnosticada con cáncer de colon. A lo largo de mi vida fui obediente y muchas veces me humillé ante muchas personas para pedirles perdón; sin embargo, tenía en mi corazón cuartos cerrados con doble llave donde estaban guardadas las ofensas y el dolor.

Dios me mostró claramente que existe una relación entre el perdón y el cáncer. Él quería hacer de mí una mujer totalmente nueva, y para lograrlo debía entregarle todas las llaves de manera que limpiara cada fealdad escondida en los recovecos de mi corazón.

Yo no había comprendido que perdonar y soltar el dolor de la herida y la ofensa era de beneficio para mí, no para mis ofensores. Así que, rendida a sus pies, le entregué todas las llaves, perdoné y solté a mis ofensores. Dios hizo cosas extraordinarias en muy poco tiempo y con muy poco esfuerzo; aunque pasé por una cirugía, fui declarada libre de cáncer.

LA SANIDAD DEL PERDÓN

Nuestra sanidad siempre será el resultado de la disposición a perdonar, no solo a otros sino a nosotras mismas de las heridas o errores del pasado, con lo cual podemos recuperar la sanidad espiritual, física y emocional.

Dios obra en el corazón de la persona dispuesta a perdonar. Una razón por la que no perdonamos es que deseamos castigo para la otra persona, y sentimos que, si perdonamos, no se hace justicia. Pero la venganza no tiene el efecto sanador que posee el perdón sobre las emociones.

Perdonar es renunciar al deseo de venganza; por eso duele el proceso, pero es la única manera de sanar la herida que dejó la ofensa.

Jesús dijo: "Porque si perdonan a otros sus ofensas, también los perdonará a ustedes su Padre celestial. Pero si no perdonan a otros sus ofensas, tampoco su Padre perdonará a ustedes las suyas" (Mateo 6:14-15). El resentimiento y la falta de perdón pueden impedir nuestra sanidad espiritual y física. Nosotras no tenemos el poder de sanar nuestro corazón, pero tenemos a un Dios que sí lo hace. Él nos ha llamado a perdonar a los demás como Él nos ha perdonado a nosotras. Entonces, en su amor y misericordia, suplirá lo que necesitamos para responder con obediencia a este mandato.

TRANSFORMACIÓN Y CRECIMIENTO

Dios puede y quiere hacer cosas extraordinarias que transformarán tu corazón y tu vida. Conforme vayas perdonando y perdonándote, comenzarás a ver cómo se rompen las ataduras que ni siquiera sabías que te limitaban. Verás cómo se desenreda lo que fue tejido en tu corazón por las personas y lugares equivocados.

Solo podremos tener más de Dios en la medida que Él tenga más de nosotras. Ya no camines como víctima, sino como vencedora que ve la bondad y fidelidad de su

Padre. Si hay cuartos cerrados en tu corazón, necesitas darle al Espíritu Santo todas las llaves para que entre y limpie; de otra manera, no podrás abrazar la nueva temporada a la que Él te está llevando.

Hay cosas que podemos hacer, actitudes del corazón que podemos adoptar, que nos ayudarán a perdonar a quienes nos han lastimado. En el proceso del perdón, el primer paso se suele alcanzar de rodillas, en humilde reconocimiento de que necesitamos la fuerza de Dios para rendirle el resentimiento, el odio, la amargura y la falta de perdón.

Cada situación es única. Mientras oras, Dios te aclarará si solamente debes perdonar en oración, si debes hablar de frente con la persona que te lastimó, o si debes escribirle una carta o un correo electrónico. Dios conoce cada situación y conoce el corazón de cada persona. En el proceso, toma en cuenta:

1. RECONOCE LA OFENSA Y DEJA DE LADO EL RESENTIMIENTO

Efesios 4:31-32 dice: "Abandonen toda amargura, ira y enojo, gritos y calumnias, y toda forma de malicia. Más bien, sean bondadosos y compasivos unos con otros, y perdónense mutuamente, así como Dios los perdonó a ustedes en Cristo".

2. ORA POR QUIENES TE HAN HERIDO

En Mateo 5:44, Jesús nos enseña a orar por nuestros enemigos y bendecir a quienes nos maldicen, lo cual incluye a quienes nos han ofendido. Perdonar puede ser un proceso difícil y doloroso, pero con la ayuda de Dios, es posible.

Al seguir estos principios bíblicos y confiar en el poder del Espíritu Santo, encontrarás la fuerza para perdonar a quienes te han herido y experimentarás la libertad que trae el perdón.

El Señor te dice

Hija, guarda tu corazón con toda diligencia, o serás culpable de falta de perdón y no podrás seguir adelante. El perdón no cambia lo que pasó en tu vida, pero cambiará tu corazón cuando respondas con el espíritu y ánimo correctos.

Da el primer paso del perdón con un corazón dispuesto a obedecer, refugiándote y buscando sanidad en mi corazón lleno de amor y perdón para ti. Avanza y libérate de los acontecimientos traumáticos del pasado, porque tu futuro es brillante; te garantizo que tendrás luz para avanzar por el camino que he ordenado para ti.

Tu propósito permanece intacto, inalterable e impecable para que te realices plenamente.

Oremos

Señor, permite que mi corazón siga siendo probado por la santidad de tu presencia y el poder de tu santo nombre. Déjame morar en rectitud de corazón. Hoy decido perdonar a quienes me han ofendido y te pido la fuerza sobrenatural de tu Santo Espíritu para pedir perdón y restaurar las relaciones que el enemigo devastó en mi vida.

Dame un espíritu humilde. Tu Palabra dice que me darás mayor gracia, porque resistes a los soberbios, pero das gracia a los humildes. Me niego a estar del lado de los orgullosos, porque la humildad y la reverencia a ti traen como premio riquezas, honores y vida. Yo puedo continuar dando voluntariamente y siendo un humilde receptor del flujo de tu santa abundancia.

Señor, que, como verdadera hija, yo pueda adquirir y mantener un corazón limpio para guardar tus mandamientos, testimonios y estatutos, para continuar haciendo lo que requieras de mí. Te doy gracias porque tú ya has hecho provisión para ello. Amén.

DÍA 12

NO MIRES ATRÁS

Lo mejor aún no ha llegado.
Asegúrate de estar presente cuando Dios
susurre tu nombre.

MAX LUCADO

¿Qué pasa si miras hacia atrás y todo lo que ves es un cementerio de sueños enterrados, grandes cosas que nunca llegaron, años que pasaron como un suspiro? Es fácil quedar atrapada en el pasado y pensar en cosas que no puedes cambiar; cuando haces eso, se te hace imposible avanzar. El objetivo de Satanás es que siempre te sientas acosada, distraída e impotente para seguir adelante. Él quiere que pases el resto de tus días vestida con harapos y rogando por el amor que Dios ya te ha mostrado tan hermosa y abundantemente.

Si quieres vivir en plenitud, debes soltar tu pasado y abrazar con valentía lo nuevo que Dios tiene para ti. Si te aferras al pasado, por muy bueno que haya sido, no serás capaz de avanzar en ese propósito que el Señor ha diseñado con tanto amor. Muchas mujeres esclavas de su pasado sienten que no pueden ir más allá. Miran a su alrededor los desafíos, las dificultades y las circunstancias con negatividad, desesperanza y amargura. Pero llega el día cuando deben dejar de lado el peso de una vida frustrante y correr la verdadera carrera que tienen por delante, puesta su mirada en Jesús (Hebreos 12:2).

Mirar hacia atrás, sin importar la situación, abre la puerta para que un espíritu de temor se apodere de tu mente, tu visión y tu corazón. Mirar hacia atrás fue el error de la esposa de Lot. En lugar de seguir adelante hacia la vida a la que Dios la llamó, miró hacia atrás con nostalgia hacia Sodoma. Como resultado, Dios la convirtió en una estatua de sal. Debe haber sido desgarrador para ella dejar atrás todo lo que conocía, lo familiar, sus posesiones. Pero mirar atrás fue un error mortal. ¿La moraleja? Las cosas nunca terminan bien cuando no obedecemos la instrucción de Dios y nos aferramos a lo que debería quedar atrás.

LO QUE TE ESPERA

Cuando Dios te llama a seguir adelante después de una situación, lo hace por una razón. Él sabe lo que te espera y lo que es mejor para ti. Confiar en su plan es vital si quieres caminar con poder y evitar los obstáculos que se interponen en tu camino.

Jesús hizo la referencia en Lucas 17:32: "¡Acuérdense de la esposa de Lot!" Muchas veces nos culpamos por cosas que hemos hecho y no hemos podido remediar. Otras veces, seguimos atadas al recuerdo de aquello que no volverá. Estar en paz con el pasado es fundamental para no destruir nuestro presente, ni boicotear nuestro futuro.

Un reconocido predicador dijo: "En la vida hay que viajar ligero y decidir ver hacia el futuro cada día; ese es el secreto para no envejecer el alma, para dejar de sentirnos víctimas y vivir con gozo". No permitas que tu pasado defina tu presente y limite tu futuro.

Isaías 43:18-19 dice: "No recuerden lo que pasó antes ni piensen en el pasado. Fíjense, voy a hacer algo nuevo. Eso es lo que está pasando ahora. ¿No se dan cuenta? Haré un camino en el desierto y ríos en tierra desolada". Mientras Isaías escribía proféticamente a Israel esta palabra, ellos estaban sumidos en las desesperadas circunstancias del cautiverio y el exilio. Dios quería que ellos pusieran sus ojos en la nueva obra que haría, por lo que comenzó con un recordatorio: "No recuerden lo que pasó antes ni piensen en el pasado". Si seguían atrapados en el fracaso, el pecado y el desánimo del pasado, nunca avanzarían hacia lo nuevo que Dios tenía para ellos.

SIN CULPA NI CONDENACIÓN

Dios siempre desea lo mejor para nosotros y nos anima a dejar atrás el pasado, porque algo grande se encuentra más allá de ese punto. Muchas veces nos sentimos estancadas y la razón es que estamos reviviendo el pasado. Lo que sea que hayamos tenido que pasar o soportar, Jesús quiere sanarnos. Él quiere que nuestro corazón sea libre para que vivamos en abundancia.

Muchas veces la vergüenza de haber cometido un error nos aleja de los propósitos de Dios. Debemos aprender a dejar el pasado atrás, arrepentirnos y recibir el amor de Dios que nos perdona y nos da la oportunidad de seguir. No permitamos que la vergüenza, la culpa o la condenación de un pasado doloroso retrasen los planes de Dios para nuestra vida. Si hemos pecado o fallado, abogado tenemos para con el Padre, además, el que confiesa sus pecados y se aparta alcanza misericordia. ¡Lo nuevo está llamando! Resuelve tu pasado y no mires atrás ni un día más. Olvida lo que dejaste atrás. Este es un nuevo día. Persevera en lo que Jesús tiene para ti. No permitas que tu mente divague por la gente y los lugares del pasado, sin importar si fueron buenos o malos. Si tratas de avanzar mirando hacia atrás, tropezarás. Mira hacia adelante. Tu propósito está delante, no detrás.

TODO PARA BIEN

Todo lo que el enemigo trató de dañar, el Padre lo transformará para bien. Puedes volver a comenzar en su gracia. Tus decisiones determinan tu futuro. Chuck Pierce dice en su libro Cómo redimir el tiempo: "Usted puede usar sus experiencias para vencer. Su corazón puede ser limpiado, su espíritu renovado y el reloj de su destino reiniciado. El plan redentor de Dios se activa y la línea del horizonte de su futuro vuelve a ser visible".

Para recuperar lo que perdiste ayer, debes avanzar hacia el mañana. Lo que más necesitas no está "allí atrás", sino "allá afuera", en el futuro al que Jesús te está llamando.

El Señor te dice

Olvida lo que quedó atrás. No te aferres a los recuerdos del pasado, porque solo te cargarán, te desanimarán o traerán amargura a tu alma. No te veas como la persona que eras en el pasado, y no te entretengas con pensamientos que te hagan lamentarte. Ya no eres la mujer que fuiste una vez.

No recuerdes los buenos o malos tiempos y la manera en que crees que debió haber sido tu vida. Esto dificultará mis planes. Reconstruye tu manera de pensar en la imagen de cómo yo te veo. Permíteme aprovechar los buenos tiempos, así como los malos momentos de tu pasado y crear una obra maestra de una vida que ha sido rendida y presentada totalmente a mí.

Estírate hacia tu futuro, y restauraré todo lo que perdiste en tu pasado. Si respondes, lo restauraré. Si extiendes tu mano débil, yo extenderé mi mano fuerte. Acepta tu pasado como la enseñanza que fue.

Tus oportunidades más significativas se encuentran en las cosas que has experimentado. No repitas las cosas que te salieron mal, sino entrégamelas y permíteme traer restauración.

Oremos

Amado Jesús, reconozco que solo tú puedes hacerme libre de mi pasado. Gracias por tu poder sanador en mi alma. Muéstrame lo que he estado escondiendo. Acércate a mí en el área de mi mayor debilidad y vulnerabilidad. Quita la tapa de mis imperfecciones e inseguridades para que pueda trabajar en ellas y superarlas.

Dame las fuerzas para perseverar más allá de mi pasado y avanzar hacia todo lo que tú me ofreces. Muéstrame cómo hacer el intercambio divino de cenizas por belleza y de luto por gozo.

Hoy apelo a tu sacrificio por mí en la cruz y recibo lo nuevo que tienes para mí. Cuando mi mente se aparte de tu verdad, por favor, háblale a mi corazón y recuérdame que el pasado ya está borrado y que el futuro es brillante. Amén.

DÍA 13

DESÁTAME, SEÑOR

Estoy aquí para devolverte tu corazón
y ponerlo en libertad.

ISAÍAS 61:1

C reo con todo mi corazón que Dios quiere que recibas sanidad y restauración para ser una mujer completamente nueva. La palabra hebrea «shalom» es muy rica en significados; algunos de ellos son paz, plenitud, bienestar, tranquilidad, contentamiento, seguridad y felicidad. Dios declara y decreta «shalom» sobre tu vida.

Es imposible estar en paz cuando no estamos completas y no podemos estar completas si no nos apoyamos en la verdad de la Palabra de Dios. En mi caso, los mensajes negativos que recibí afectaron muchísimo mi identidad y me impedían lograr muchas cosas. Estos mensajes negativos me movieron a hacer acuerdos con el enemigo, aceptando sus mentiras como verdades.

Tenía diez años cuando, con mi familia, nos mudamos de un pueblo en el que crecí a la ciudad. ¡Para mí era un mundo muy diferente! Me comportaba de manera tímida e introvertida y comencé a recibir rechazo no solo de los maestros sino de mis compañeros en mi nueva escuela; eran burlas constantes sobre mi apariencia, mi cabello, mi actitud, etcétera.

Recuerdo que mi maestra un día dijo que a mí no me daba la cabeza para estudiar y que ni mi nombre le gustaba. Ningún esfuerzo y opinión eran válidos o importantes así que comencé a callar, a apartarme, y a vivir pensando que no había nada bueno en mí. Ese también ha sido el obstáculo para muchas mujeres que no pueden disfrutar del «shalom» de Dios.

Las mujeres recibimos mensajes como: "No eres una buena mujer", "eres inútil", "nunca nadie te va a amar", "no vales nada", "nunca te vas a casar"... y todo lo que creemos como verdad se manifiesta en cada momento de nuestra vida. Cuando queremos avanzar, pero sin darnos cuenta volvemos al mismo lugar es porque se ha producido un acuerdo. El enemigo a menudo nos presenta la tentación de entrar en acuerdo con sus mentiras en momentos de vulnerabilidad y debilidad para luego continuar usándolos con el objetivo de robarnos la alegría, esperanza y vida.

LOS ATAQUES Y ACUERDOS

Vivimos en una batalla por nuestro corazón porque el enemigo lo ve como el blanco perfecto para sus ataques. La Biblia dice en Juan 8:44: "Ustedes son de su padre, el diablo, cuyos deseos quieren cumplir. Desde el principio este ha sido un asesino, y no se mantiene en la verdad, porque no hay verdad en él. Cuando miente, expresa su propia naturaleza, porque es un mentiroso. ¡Es el padre de la mentira!"

Él nos ataca con sus mentiras y nos intoxica con dudas. Hiere nuestro corazón en el centro de nuestros deseos. En medio de ese dolor, sugiere que hagamos acuerdos con él. Si no logramos identificarlo, y lo aceptamos, ese acuerdo se convierte en una fortaleza y en el lente a través del que vemos la vida. Ese argumento bien plantado en nuestra mente controla nuestro corazón, robándonos la paz y la plenitud que Dios desea para nosotras.

SUSTITUYE LA MENTIRA CON LA VERDAD

¡Renuncia hoy a esos acuerdos! Dile: "Señor, muéstrame qué tipo de acuerdos he hecho que no son ciertos". Las respuestas podrían sorprenderte y traer un nuevo nivel de paz y plenitud a tu vida.

PRIMER PASO

Reconocer qué mentiras han operado en tu vida que aceptaste como verdad y arrepentirte de haber escuchado la voz del enemigo. Invita al Espíritu Santo a que entre a lo profundo de tu corazón y dale la libertad de que las exponga. Pídele a Dios que te muestre qué tipo de acuerdos hiciste con el enemigo. Juan 16:13 dice: "Pero cuando venga el Espíritu de la verdad, él los guiará a toda la verdad, porque no hablará por su propia cuenta, sino que dirá solo lo que oiga y les anunciará las cosas por venir".

SEGUNDO PASO

Renunciar a todas esas mentiras. Recházalas. Niégate a dejar que penetren más en tu alma. 2 Corintios 10:5 dice: "Destruimos argumentos y toda altivez que se levanta contra el conocimiento de Dios, y llevamos cautivo todo pensamiento para que obedezca a Cristo". Eso significa que tenemos la oportunidad de hacer algo con todos los pensamientos desagradables a Dios, antes de que entren y se instalen en nuestro corazón.

TERCER PASO

Reemplazar cada mentira con la Palabra de Dios. Hebreos 4:12 dice: "Sin duda, la palabra de Dios es viva, eficaz y más cortante que cualquier espada de dos filos. Penetra hasta lo más profundo del alma y del espíritu, hasta la médula de los huesos, y juzga los pensamientos y las intenciones del corazón".

Esa es la manera en que Jesús derrotó al diablo cuando fue tentado en el desierto. (Mateo 4). Con cada tentación del diablo en el desierto, Jesús se defendió con las palabras "Está escrito". Él rechazó las mentiras y reemplazó la mentira con la verdad.

El Señor te dice

En esta hora, estoy rompiendo los lazos que han estado alrededor de tus pies, alrededor de tu corazón y tu voz. Porque incluso has dicho: "¿Cómo podría alguna vez liberarme de este cautiverio?" Y en los últimos años, has empezado a acostumbrarte a muchas de las ataduras y limitaciones que han estado a tu alrededor. Pero en esta temporada, rompo, quiebro, desato todo aquello que te ha estado constriñendo y reteniendo de la plenitud de tu llamado, tu autoridad y tu unción. Sí, esta es tu hora de liberación. Yo estoy eliminando todo lo que ha estado contaminando el ungüento que tengo para ti. Hoy se derrumba toda muralla que te mantenía encerrada en ciclos de disfunción y dolor; ya eres libre para avanzar, crecer, ensancharte y edificar una vida nueva, alineada con mis promesas.

Oremos

Padre, en el nombre de Jesús, me arrepiento por haber creído y aceptado como verdad algo que no venía de ti y que dejé influir en mi vida. Hoy renuncio a toda participación con Satanás y todas sus obras malvadas.

Hoy rompo todos los acuerdos que hice con el enemigo en la oscuridad, creyendo y caminando en sus mentiras. Padre, perdóname y límpiame a través de la sangre de Jesucristo. Libera el poder de tu Espíritu en mi espíritu y mi alma, ahora; sáname y lléname completamente con tu «shalom». Mi alma te pertenece y la oscuridad no tiene derecho legal sobre mí porque soy tu hija y en mí habita el poder de la resurrección.

Hoy me desato de todo acuerdo mentiroso y me aferro a la verdad de tu Palabra; ahora declaro nuevos acuerdos contigo como tu amada hija, hecha a tu imagen y semejanza. Caminaré de acuerdo contigo, en tu voluntad y propósito para mi vida, en el nombre de Jesús. Amén.

DÍA 14

ALGO MÁS
QUE EMOCIONES

*Déjate llevar por donde tu corazón
y tus ojos quieran llevarte. Pero debes saber
que de todo esto Dios te pedirá cuentas.*

ECLESIASTÉS 11:9

El corazón es el centro de las emociones. La Biblia nos habla de un corazón alegre, un corazón amoroso, un corazón desfallecido, un corazón alentado, un corazón contrito, un corazón acongojado, un corazón irritado, un corazón vivificado, un corazón adolorido, un corazón afligido, un corazón humilde, un corazón ardiente, un corazón turbado. Todas estas acciones son de carácter emocional.

Dios nos creó como seres emocionales. Debemos agradecerle por nuestra capacidad de sentir emoción y administrar nuestras emociones como un don de Él.

Las mujeres, aunque no somos débiles, somos vasos frágiles (1 Pedro 3:7) y a muchas nos es difícil controlar nuestras emociones de forma particular de acuerdo con lo que estemos experimentando. Muchas veces nos sentimos alegres, llenas de gozo, y otras veces muy tristes, desanimadas, o peor aún, con ira y enojo, pues todas tenemos temperamentos y necesidades diferentes.

Fuimos creadas para ser protegidas, amadas y rescatadas; cuando carecemos de ese cuidado, nos sentimos inseguras y reaccionamos de forma errática. El núcleo de las emociones es nuestro corazón, que ha sido devastado por el pecado (Efesios 2:1-3). Por eso, necesita la obra de transformación de Dios, porque solo Él puede darnos la sabiduría para pensar, hablar, emocionarnos y actuar de modo que siempre lo glorifiquemos.

EN CONTROL

Estamos hechas de cuerpo, alma y espíritu. Nuestro espíritu puede ser fuerte, pero si no atendemos a nuestra alma, puede acabar con nosotras. Nuestra alma está hecha de nuestra mente, voluntad, emociones, capacidad, y nuestro sistema de creencias.

Yo soy una persona con temperamento melancólico; así que soy sensible e introvertida. Esa era una dificultad para mí porque fácilmente permitía que mis emociones me controlaran. Esto me llevó a buscar la ayuda de Dios para aprender a manejar de acuerdo con la Biblia lo que sentía. Aprendí que mis emociones son una gran herramienta que mi Señor puede usar para ayudarme a comprender lo que está sucediendo en mi corazón, pero que no tienen por qué controlar mi comportamiento. Por ejemplo, cuando amaneces enojada o deprimida, es importante detenerte, respirar profundo e identificar por qué estás así, examinar tu corazón y luego proceder de una manera bíblica. Debemos ser mujeres sabias. Proverbios 29:11 dice: "El necio da rienda suelta a su ira, pero el sabio la reprime".

Las promesas escritas en la Palabra de Dios te ayudan a no caer en confusión emocional. El Salmo 119:27-28 dice: "Hazme entender el camino de tus preceptos y meditaré en tus maravillas. De angustia se me derrite el alma: susténtame conforme a tu palabra". Si reconocemos nuestras emociones y las llevamos ante Dios, podemos presentar nuestro corazón ante Él y permitirle que haga su obra dirigiendo nuestras acciones. Recordemos lo que dice Jeremías 17:9-10: "El corazón es engañoso y perverso, más que todas las cosas. ¿Quién puede decir que lo conoce? Lo conozco yo, el Señor, que escudriño la mente y pongo a prueba el corazón; que pago a cada uno según su conducta y según el resultado de sus obras".

DOMINIO PROPIO

Como mujeres que hemos sido renovadas por Dios, y hemos recibido un corazón nuevo, ya no somos esclavas de nuestras emociones. Es de esa manera que experimenté una profunda paz durante mi diagnóstico de cáncer.

En ese tiempo hubo calma y confianza en Dios. Pasé por el proceso sin ser sacudida por el miedo, la ansiedad y el dolor. El dominio propio es fruto del Espíritu Santo (Gálatas 5:22). Al someternos y entregar cada área de nuestra vida al Espíritu, Él nos dará el poder de elegir hacer lo correcto. Podemos decidir lo que pensamos o decimos. No estamos a merced de nuestras emociones o deseos. Estamos de nuevo en el asiento del conductor.

¿Estás bajo ataque emocional? ¿El enemigo ha estado usando tus emociones como un obstáculo para tu futuro? Deja que Dios sea Jehová Jireh de tus emociones. Él es más que suficiente para suplir cualquiera de tus carencias, incluso en tus emociones. Mantengamos nuestro corazón saludable, lavándonos diariamente con la Palabra, meditando en las promesas de Dios y declarándolas hasta que se manifiesten en nuestra vida.

El Señor te dice

Amada hija, mantén tus emociones bajo control y mantente firme ante la adversidad. El miedo es la antítesis de la fe e interferirá con tu capacidad de confiar en mí. Yo siempre estaré contigo y te daré la sabiduría necesaria para sacarte en victoria de cualquier situación que enfrentes. Establécete en una base espiritual sólida a través de mi Palabra.

En medio de cada desafío, no temas, no te desanimes. El enemigo busca manipular tus emociones para lograr un resultado negativo que nunca sucederá. Yo camino delante de ti, a tu lado y detrás de ti, manejando los obstáculos invisibles que no puedes anticipar. Este es tu tiempo para los resultados milagrosos. Ha llegado tu temporada de manifestar descanso, paz, gloria y aumento. Este es el deseo de mi corazón para ti, tu bienestar emocional, espiritual y físico son parte de mi plan desde el principio.

Oremos

Padre, en el nombre de Jesús, te pido que calmes mi corazón, calmes mi mente y calmes mis emociones. Jesús, tú eres mi paz. Sé mi paz ahora mismo, justo en medio de mi locura emocional. Llena mi mente y mis emociones con esa paz que sobrepasa todo entendimiento.

Te invito a entrar en mi situación, Señor. Acompáñame, dame sabiduría, dame gracia, dame palabras sabias y alentadoras, no emociones negativas. Por favor, ayúdame a no dejarme secuestrar por lo que siento; dame la capacidad de mantener la calma. Toma el control de mis emociones y dame serenidad, porque solo en tu presencia hay plenitud de gozo. Amén.

DÍA 15

FLORECERÁS

Es admirable cómo nacen flores de las grietas.
No le llames debilidad.

JOEL MONTERO

E s tiempo de que florezcas en esta nueva temporada. Florecer significa crecer, prosperar, aumentar y multiplicarse. No te conformes con simplemente sobrevivir. ¡Dios quiere que florezcas! El Salmo 92:12-15 nos da esperanza y propósito, cuando dice: "Como palmeras florecen los justos; como cedros del Líbano crecen. Plantados en la casa del Señor, florecen en los atrios de nuestro Dios. Aun en su vejez, darán fruto; siempre estarán saludables y frondosos para proclamar: 'El Señor es justo, él es mi roca y en él no hay injusticia'". Sin importar tu edad, debes mirar más allá de lo visible y temporal hacia lo que es verdaderamente bello y eterno. Como una mujer comprada con la sangre de Jesús, estás llamada a abrazar una nueva época de renovación y dar fruto.

Podríamos definir estos últimos años como de poda. Han sido años únicos y especiales, pero no para la devastación y la destrucción, sino para la transformación. El Señor ha sacudido las relaciones, el trabajo, la salud y nuestro sistema de creencias. La sacudida ha sido solo para mostrarnos lo que es de Él y lo que verdaderamente vale. Cuando nos sometemos a un proceso de poda, nuestro corazón y espíritu quedan libres de impurezas como el orgullo, la rebelión, el egoísmo, la desobediencia y la amargura. Él necesita depurar nuestro corazón y alma para que podamos florecer. El perfeccionamiento de nuestro carácter es esencial para el cumplimiento del plan de Dios.

COMO PALMERA

La palabra «florecer» se usa tres veces en el Salmo 92:12-15. La palabra hebrea aquí es «parah», y significa «brotar como un capullo, extenderse, volar extendiendo las alas».

La palmera descrita en este salmo es probablemente una palmera datilera, que se cultivaba comúnmente en Oriente Medio.

Las palmeras datileras son árboles de crecimiento lento que no dan frutos de inmediato. Se necesita paciencia para que crezcan altas y alcancen la madurez. Una mujer justa florecerá como una palmera, se esforzará por ser obediente guardando los mandamientos de Dios, dará fruto mientras desarrolla una relación más cercana con Él y no será fácilmente sacudida por las tormentas de la vida.

Cuando florecemos como palmeras, obtenemos nuestra fuerza de Dios para resistir y extendernos. Pero ¿de dónde viene esa fuerza? La respuesta está en el verso 13 de este Salmo: "Plantados en la casa del Señor, florecen en los atrios de nuestro Dios".

El atrio en la Biblia tiene un significado simbólico y espiritual. Representa un lugar de encuentro con Dios, de adoración y de comunión con los demás creyentes. Cuando estamos firmemente arraigadas en Su Palabra y pasamos tiempo con Dios diariamente, automáticamente florecemos y crecemos. Estar en la casa de alguien significa que estás cerca de esa persona. Y exactamente de esa forma es como Dios quiere que vivamos, plantadas en su casa, cerca de Él.

LLENA DE GRACIA

Florecerás en esta temporada como las flores en primavera. El Señor te quiere llenar hoy de su gracia para salir a lo nuevo. Él nunca te olvidó, porque fue quien te escogió. Recibe el poder de su gracia y su resurrección.

¡La temporada ha cambiado! Mientras te rindes a Jesús, cada lugar desolado y seco en tu corazón comenzará a florecer con la vida de la resurrección, transformándose en una tierra buena, una tierra de corrientes de agua, de fuentes y manantiales que fluyen por valles y colinas.

La temporada de sequedad ha terminado y está brotando la vida de Cristo. Quizá te habías sentido como una planta seca abandonada en una maceta en algún rincón, pero ahora serás revivida y llena del poder de resurrección del Señor Jesucristo. Profetiza a tus ramas secas, a la mentalidad de esclava, a la derrota y a la de víctima, y diles que se vayan. Habla y profetiza sobre tu destino y tu futuro. (Ezequiel 37).

No importa tu temporada, la intención de Dios es que florezcas; tus raíces están vivas. El florecimiento viene con la comprensión de que Dios ve lo mejor en ti. Él se preocupa por tus intereses y tiene planes llenos de esperanza para tu vida.

No entres en pánico ni juzgues tus circunstancias demasiado rápido. Quizá durante ciertos momentos has pensado que el enemigo te está llevando a la devastación y la destrucción. Pero el Señor te dice: "Detente y mírame a mí y descubrirás que, en realidad, te estoy llevando al cumplimiento de tu destino". ¡Solo espera en mí porque vas a florecer!

El Señor te dice

Hija mía, permite que mi Palabra te inunde en esta temporada. Abraza mi gracia desde una nueva perspectiva. Permite que mi amor te consuma, que derribe tus miedos, que conquiste tus dudas e inseguridades.

Hija mía, esta es la temporada en la que florecerás a través de mí. Yo eliminaré las malas hierbas, esos mensajes negativos que te retienen en una tierra seca.

Permanece fiel al conocimiento fundamental de quién soy yo para ti, entonces, diferentes áreas en tu interior brotarán con renuevos, mientras otras áreas echarán raíces porque yo soy tu jardín y tu jardinero, quien cuida de ti.

Declara

- Dios me ha formado y podado para florecer.
- Floreceré en la plenitud de Cristo Jesús,
  mi Señor y Salvador.
- Floreceré en la plenitud del amor,
  la vida y la luz de Jesús.
- Floreceré en la plenitud de su gracia,
  favor y misericordia.
- Floreceré en la plenitud de su Palabra,
  voluntad y sabiduría.
- Floreceré en la plenitud de su Espíritu,
  presencia y poder.
- Floreceré en la plenitud del gozo,
  la paz y la prosperidad.
- Floreceré bajo su rocío, sus cuidados
  y lluvia de bendiciones.
- Floreceré en la plenitud de la fe,
  la fidelidad y la fecundidad.
- Floreceré en todas las áreas de mi vida
  y destino en Dios.
- He recibido su gracia y favor
  para impactar a mi generación.
- He participado de su plenitud
  y la manifestaré para su gloria y honra.

DÍA 16

HAY GLORIA
EN TU HISTORIA

Tienes una voz en tu destino.
Tienes algo que decir en tu vida.

MAX LUCADO

A veces es difícil reconocer cómo Dios está obrando sus propósitos en y a través de nuestras historias. Pero sí podemos estar seguras de que nunca tuvo la intención de que fuéramos mujeres fragmentadas o derrotadas. Su deseo es que vivamos de gloria en gloria. Es maravilloso ver cómo Él nos saca de nuestros fracasos, decepciones, reveses, heridas o errores pasados.

Después de todo, de eso se trata la cruz, de que Él venza lo que nosotras no podríamos haber vencido por nuestra cuenta. La cruz es el "botón de reinicio" definitivo. Medita en eso. Permanece en Él. Alábalo por su poder de victoria en tu vida (2 Corintios 2:14, Romanos 8:32, 37). Observa y sorpréndete cuando presione el botón de reinicio, elevándote de tu pasado hacia un futuro verdaderamente glorioso.

Solo Jesús puede convertir una historia pasada de pérdida en un testimonio presente de poder. Mientras lees este libro, quizás pienses en lo que tuvo que suceder para que hoy estés aquí dándote cuenta de que luchaste y venciste. En cada uno de mis libros hay escritos muchos testimonios de batallas y pruebas, pero hoy son el medio que Dios está usando para decirle a muchas mujeres: "Si Dios lo hizo por mí, lo hará por ti". Es por eso por lo que Dios habló tanto a mi corazón sobre el arte del "Kintsugi" para este libro, porque él sana, redime y luego nos pone en un lugar desde donde podemos brillar y hacer que el mundo lo conozca a través de nuestras cicatrices y grietas saturadas de oro.

Hay una canción que escribió Matthew West que dice: "Mi historia era una historia de vergüenza, giros equivocados escritos en cada página, tantas partes que estaban tan desordenadas. Pero amo la parte donde tú apareciste, reescribiendo mi pasado, reescribiendo mi dolor, línea por línea, palabra por palabra, y ahora mi historia es prueba viva; no hay un capítulo que no pueda usar. Mi historia, tu gloria, mi dolor, tu propósito. Mi desorden, tu mensaje. En todas las cosas, sé que estás obrando. Una vida, una misión, una razón por la cual estoy viviendo todo por ti, no por mi historia".

Los ataques a tu vida tienen que ver más con quien serás en el futuro que quien has sido en el pasado. La mayoría de nosotras conocemos la historia de la mujer de Samaria. (Juan 4) Si alguien necesitaba gracia, era esta mujer. Se había casado cinco veces y vivía con un hombre que no era su marido. Su reputación no era de lo mejor, y no solo era una mujer discriminada y considerada indigna; ella vivía en una época en la que las mujeres eran degradadas y despreciadas. Pero Jesús apareció en su vida y le dio el agua que necesitaba para su corazón deshidratado.

En Juan 4:39-42 dice: "Muchos de los samaritanos que vivían en aquel pueblo creyeron en él por el testimonio que daba la mujer: "Me ha dicho todo lo que he hecho". Así que cuando los samaritanos fueron a su encuentro le insistieron en que se quedara con ellos. Jesús permaneció allí dos días, y muchos más llegaron a creer por lo que él mismo decía. De repente esta mujer era diferente. Juan 4:28 dice "la mujer dejó su cántaro". ¿Por qué dejó su cántaro? Porque encontró algo mejor.

No sabemos su nombre, pero esta mujer que definía toda su vida por la sed de su corazón se convirtió en el instrumento a través del cual Dios satisfizo la sed de otros, y comenzó como una evangelista ese mismo día. Cuanto más conocemos a Jesús, más lo amamos. Cuanto más lo amamos, más somos sanadas y más llegamos a ser nosotras mismas.

Jesús te invita cada día a ir hacia adelante en medio de los obstáculos. Él es quien pelea por ti y cuando tu historia se cuente, muchos creerán en Él porque verán su gloria en tus ojos. Entonces comprenderás que cada lucha, cada fracaso, cada error te estaban preparando para tu destino. Quizás por esa razón Jesús, cuando le llevaron a la mujer sorprendida en adulterio, en lugar de acusarla, la cubrió de misericordia. Inmediatamente después de ordenarle a la mujer "vete y no peques más", proclamó: "Yo soy la luz del mundo; el que me sigue, no andará en oscuridad, sino que tendrá la luz de la vida" (Juan 8:12).

Él conoce nuestras tinieblas. Sabe que necesitamos su luz. En lugar de maldecir nuestra oscuridad, Él brilla para que nosotros podamos brillar. Vamos hacia adelante a escribir una nueva historia llena de su gloria, totalmente transformadas, totalmente sanas, llenas de vida y que sean totalmente suyas.

El Señor te dice

Te estoy invitando a ser parte de mi mover sobrenatural. Permíteme llevarte más allá de tus limitaciones anteriores y sorprenderte con mi poder y mi gracia. Estoy desatando una ola de avivamiento y transformación en tu vida y en el mundo que te rodea. No temas, porque yo estoy contigo. Estoy liberando un flujo continuo de provisión, dirección y fortaleza. Confía en mi fidelidad y en mi amor inquebrantable. Juntos, superaremos cualquier obstáculo y veremos el cumplimiento de mis promesas en tu vida. ¡Prepárate para lo nuevo! ¡Levántate con expectativa y valentía! Te estoy llamando a caminar en una nueva temporada de victoria y éxito.

Oremos

Padre, en el nombre de Jesús te doy gracias porque he aprendido que a los que aman a Dios todas las cosas les ayudan a bien. Gracias por traerme a este momento donde puedo ver que estuviste conmigo en cada paso del camino, me libraste, me perdonaste y estás abriendo un nuevo capítulo de mi historia contigo. Es una historia que quiero compartir porque me has movido de mi pasado hacia mi futuro. Gracias por las experiencias únicas porque en todas me has ayudado…

Ayúdame a tener el valor de compartir con los demás lo que has hecho en mí y que puedan ver lo que harás en ellos. Te lo pido en el nombre de Jesús. Amén.

DÍA 17

Y DIOS SE ACORDÓ DE ELLA

El plan de redención de Dios está más allá de nuestra capacidad de pensar.

CHUCK PIERCE

L as nuevas temporadas siempre vienen precedidas de noches oscuras del alma. Dios nos prueba en los lugares difíciles para luego confiarnos la administración de algo nuevo. Sin duda, quisiéramos evitar esas etapas de transición; de hecho, es aquí donde muchas se dan por vencidas y nunca alcanzan lo que Dios tiene para ellas.

De lo que sí podemos estar seguras es de que Dios tiene un límite de tiempo para que nos levantemos y veamos sus planes cumplirse si no nos damos por vencidas.

La vida de Ana, la madre del profeta Samuel, es un ejemplo de cómo presionar, perseguir y tener un avance sobrenatural. De ella aprendemos que hay épocas de transición cuando Dios tiene que cerrar cosas con el objetivo de prepararnos para lo nuevo y grande que será liberado en nuestra vida. La transición no es el cambio en sí, sino todos los pequeños pasos y etapas que dan lugar a un cambio. Es el recorrido que haces desde donde estás hasta donde llegarás. Por eso, las primeras letras de la palabra «transición» están relacionadas con «tránsito».

UN CAMBIO

Estás pasando por algún lugar o algo mientras viajas hacia un destino. No todas las transiciones en tu vida son necesariamente personales o iniciadas por Dios. A veces son el resultado de tu entorno o de decisiones que están fuera de tu control. A menudo la transición es interna, directamente relacionada con lo que Dios está haciendo en tu vida. Es lo que está sucediendo dentro de ti, el viaje emocional, espiritual y relacional que emprendes cuando se produce un cambio.

En 1 Samuel 1 vemos a Ana, una mujer etiquetada como estéril que deseaba desesperadamente tener un bebé. Quizás estaba desolada y sintiéndose olvidada por Dios, pero Él no estaba pensando en darle solo un hijo a Ana. Dios quería abrir el vientre de esta madre para que tuviera cinco hijos.

Muchas veces nos enfocamos tanto en nuestras circunstancias negativas que quitamos la mirada de las promesas de Dios. En el caso de Ana, ella no se quedó paralizada emocionalmente ni atrapada en pensamientos de miedo, enojo o depresión por las burlas de Penina. Se negó a permitir que su situación le impidiera creer y se acercó al Señor a concebir primero en su espíritu a través de su oración y adoración.

1 Samuel 1:19-20 dice: "Al día siguiente madrugaron y, después de adorar al Señor, volvieron a su casa en Ramá. Luego Elcaná se unió a su esposa Ana, y el Señor se acordó de ella. Ana concibió y, pasado un año, dio a luz un hijo y le puso por nombre Samuel, pues dijo: 'Al Señor se lo pedí'".

HACER MEMORIA

Lo más hermoso que leí en este verso es "y el Señor se acordó de ella". Nunca olvides esta palabra hebrea «zakar» que significa "hacer memoria, pensar, recordar".

En el Antiguo Testamento, «zakar» no es simplemente rebuscar en los archivos de tu cabeza hasta encontrar el hecho que has intentado recordar. Es emplear tus manos, tus pies y tu boca para realizar cualquier acción que requiera ver una respuesta.

Ana dejó de pensar en Penina y comenzó a pensar en su milagro; le puso pies a su fe e hizo un pacto con Dios. 1 Samuel 1:10-11 dice: "Comenzó a orar al Señor con gran angustia y a llorar desconsoladamente. Entonces hizo esta promesa: 'Señor de los Ejércitos, si te dignas mirar la desdicha de esta sierva tuya, y si en vez de olvidarme te acuerdas de mí y me concedes un hijo varón, yo te lo entregaré para toda su vida y nunca se le cortará el cabello'". No es que Dios se olvidara de ella; Dios estaba preparándola para lo mejor.

Dios muchas veces impulsa tu crecimiento a través del dolor y la incomodidad. Que no podamos ver no significa que Él no lo hará. Nuestro Señor tenía un lugar y un tiempo para que naciera Samuel, así como tiene un lugar y un tiempo para cumplir la promesa que te hizo. Ella no solo dio a luz a un niño, ella dio a luz a uno de los más grandes profetas de Israel.

¿Hay un área en tu vida en la que te sientes olvidada? Tal vez has estado esperando una respuesta a tu oración, y te preguntas si Dios escucha o se preocupa por ti.

Tómate unos minutos para meditar en sus palabras en Isaías 49:15-16: "¿Puede una madre olvidar a su niño de pecho y dejar de amar al hijo que ha dado a luz? Aun cuando ella lo olvidara, ¡yo no te olvidaré! Grabada te llevo en las palmas de mis manos; tus muros siempre los tengo presentes".

Agradece a Dios por siempre acordarse de ti, y comprométete a permanecer fiel a Él incluso si estás en una temporada de espera.

Estos son días cuando Dios está respondiendo a las oraciones de sus hijas; las está despertando para cumplir su propósito y destino. Esta es una temporada en la que muchas recibirán una revelación de lo que dice Marcos 10:31: "Pero muchos de los primeros serán últimos, y los últimos, primeros". Estos son días de alineamiento y cumplimiento.

Es tiempo de entrar al santuario de la presencia de Dios, clamar y orar diciendo: "Quiero, Señor, entrar en esta nueva temporada, en todo lo que tienes para mí, quiero vivir de acuerdo con mi propósito y destino profético. Quiero ser fructífera; abre mi vientre para que de mi interior fluyan ríos de agua viva".

El Señor te dice

Debes dejar de lado el miedo al fracaso y recordar quién soy yo. Únete a mí y haz el propósito de caminar en sintonía con mi Espíritu. Te mostraré el camino a seguir y dirigiré tus pasos. Hija mía, tu camino no está oculto para mí; no te olvidé. Tus planes no han sido ignorados por mis ojos. Veo todo, pasado, presente y futuro.

Antes de que imaginaras tus sueños más preciados, yo estaba allí. Te tejí en el vientre de tu madre. Te hice exactamente como eres y te he dotado de manera única y con propósito para que puedas caminar con confianza en todo lo que formé en ti. Realmente eres mi obra maestra. Estás hecha para reflejar un aspecto de mi corazón y mi reino que solo tú puedes revelar. Así que corre plenamente hacia todo lo que tengo para ti. No te detengas ni escuches las voces que te roban como la duda y la incredulidad. ¡Estás hecha para vivir en la plenitud de mis promesas! ¡Estás hecha para remontar vuelo!

Oremos

Padre, vengo a ti en el nombre de Jesús. Sé que no me has olvidado. Aclara mi visión; dame tu favor para que se abran las puertas a lo milagroso.

Trabaja en mí según tu voluntad y actúa de acuerdo con tus buenos propósitos para que pueda estar preparada y me mueva en el tiempo perfecto en sincronía con tus planes.

Concédeme una gracia mayor para que esos planes sean perfeccionados, confirmados, fortalecidos y establecidos en mi nueva temporada. Restaura y lléname de fe y fortaleza para avanzar creyendo que mi mejor temporada llegó y que tú cumplirás tus promesas en mi vida. Amén.

DÍA 18

TOMA EL TIMÓN
DE TUS DECISIONES

*La sabiduría bíblica no es
un callejón sin salida. Es un camino
hacia la felicidad eterna.*

JOHN PIPER

Dios quiere que llegues a tu destino de manera segura y a tiempo. Las sabias decisiones que tomes determinarán cuándo y cómo llegarás allí. Estás en camino a cumplir tu propósito, ¡no tienes tiempo que perder! Mientras Él te guía a través de las circunstancias y situaciones de la vida, serás como una locomotora que funciona con el combustible y la sabiduría del Espíritu Santo, no con el vapor del mundo.

Una de las palabras hebreas para sabiduría es «chokmah», que significa "habilidad en la guerra, sabiduría en la administración, ingenio". No hay nada que pueda compararse con la sabiduría. No hay nada que podamos anhelar, esperar o pedir que sea mayor que la sabiduría.

Constantemente nos enfrentamos a decisiones que moldean nuestro futuro y el de quienes nos rodean. Nuestras emociones y deseos nos impulsan para que alcancemos una meta personal que anhelamos, un proyecto de vida, una inversión, un cambio de casa o de país, etcétera. En medio de todos esos planes, tomar decisiones correctas no siempre es fácil.

Muchas veces no sabemos cómo proceder, no sabemos cómo calmar nuestra alma ni cómo vencer nuestros temores; batallamos con tomar decisiones por temor a equivocarnos, lo que podría paralizarnos y llenarnos de ansiedad.

Algunas veces decidimos seguir nuestro propio camino y todo parece ir bien por un tiempo. Incluso puede ser muy divertido. Se siente liberador. Quizás a Dios no le importe, después de todo. Sin embargo, pronto todo cambia. Tomar decisiones con la sabiduría de Dios y las medidas adecuadas puede hacer la diferencia entre la vida y la muerte.

SABIDURÍA DE DIOS

Cuando enfrentamos las decisiones de la vida, desde las más pequeñas hasta las más importantes, Dios se acerca a nosotras y se ofrece a guiarnos con delicadeza a través de su Palabra. Estuve en un ministerio de mujeres donde recibí mucha oposición; cierto día las cosas se pusieron difíciles con una de ellas que me atacó sin misericordia con falsas acusaciones y mentiras. Mis emociones estaban enredadas. A veces, cuando estamos presionadas, surge la tentación de ser rápidas y presuntuosas para tomar decisiones en lugar de esperar en Dios.

Tomé la decisión de que me retiraría, que no tenía por qué soportar abusos y maltratos. Por supuesto que no oré para consultar con el Señor, pero Él, en su misericordia, se acercó a mí y me llevó a Santiago 3:13-18 que dice: "¿Quién es sabio y entendido entre ustedes? Que lo demuestre con su buena conducta, mediante obras hechas con la humildad que le da su sabiduría. Pero si ustedes tienen envidias amargas y rivalidades en el corazón, dejen de presumir y de faltar a la verdad. Esa no es la sabiduría que desciende del cielo, sino que es terrenal, no espiritual y demoníaca. Porque donde hay envidias y rivalidades, también hay confusión y toda clase de acciones malvadas. En cambio, la sabiduría que desciende del cielo es ante todo pura y además pacífica, respetuosa, dócil, llena de compasión y de buenos frutos, imparcial y sincera. En fin, el fruto de la justicia se siembra en paz para los que hacen la paz".

Fue entonces que respiré y aprendí que la sabiduría es vital. Tomar una decisión tan radical motivada por mis emociones hubiera abortado mi llamado, porque estaba en ese ministerio siendo entrenada para lo que estaba por venir. Aprendí que antes de tomar una decisión dirigida por mis emociones debo orar e ir a la Palabra de Dios para consejo, porque la sabiduría viene del Señor. No me fui, no me defendí, callé y esperé. Fue Dios mismo quien peleó por mí y esta mujer se fue del ministerio a los pocos días; pero a mí el Señor me honró.

UN VALIOSO TESORO

Solo en Jesús podemos encontrar los tesoros de la sabiduría. El apóstol Santiago nos enseñó la clave para recibir sabiduría. Santiago 1:5 asegura: "Si a alguno de ustedes le falta sabiduría, pídasela a Dios y Él se la dará, pues Dios da a todos generosamente sin menospreciar a nadie". Y Proverbios 24:13-14 nos aconseja: "Come la miel, hijo mío, que es deliciosa; dulce al paladar es la miel del panal. Ten en cuenta que así es la sabiduría de tu alma; si das con ella, tendrás buen futuro; tendrás una esperanza que no será destruida".

Lo más importante es que la sabiduría que conduce a la vida, al gozo y a la plenitud comienza con conocer y temer a Dios y hacer su voluntad. Puesto que la sabiduría se encuentra en la Palabra de Dios, debemos aplicarnos en el estudio y la meditación para conocerla y ponerla por obra.

El Salmo 19:7 dice: "La ley de Jehová es perfecta, que convierte el alma; el testimonio de Jehová es fiel, que hace sabio al sencillo". Las decisiones que tomes ahora tendrán un impacto extraordinario en tu vida y en tu futuro. Busca la sabiduría divina y asegúrate de que tus motivos sean justos. No tomes decisiones sin la dirección del Señor, de forma que tendrás el timón en tu mano y mantendrás el rumbo para llegar a todo lo que Él tiene para ti.

El Señor te dice

Estás entrando en una temporada de renovación en la que resolver problemas será más fácil de lo que ha sido. Escucha mi voz apacible y delicada para guiarte y darte sabiduría. Mantente aferrada a mi Palabra; ocúpate de una cosa a la vez para no sentirte abrumada. En todas tus ocupaciones y compromisos, asegúrate de pasar tiempo conmigo, y permíteme impartirte sabiduría.

Oremos

Padre, en el nombre de Jesús vengo a pedirte perdón por tomar decisiones basadas en mis emociones y sentimientos que me han llevado a cometer muchos errores. Tu Palabra dice que pida sabiduría y mi oración hoy es: "Dame sabiduría".

Permíteme recibir tus instrucciones divinas para solucionar los problemas que pueda enfrentar. Señor, quiero ser una mujer sabia para responder a las situaciones bajo tu dirección divina. Permíteme tener perspectivas sobrenaturales para cumplir tu voluntad en todo momento y en cada área de mi vida, porque dependo de ti y de tu soberana voluntad. Amén.

DÍA 19

REINICIANDO EL DISEÑO

No me acechan las falsas expectativas y las demandas de otros, porque yo sé que soy la amada de Dios y se lo que voy a llegar a ser.

STASI ELDREDGE

Cuando las cosas en nuestra vida se han desviado de su curso y comenzamos a caminar fuera de lo que la Palabra de Dios dice de nosotras, vivimos bajo un falso yo. El mundo intentará decirte quién eres. La gente que te rodea intentará decirte quién eres. El enemigo intentará decirte quién eres. Incluso podrían citar hechos sobre tu pasado o tu presente para intentar convencerte de que tienen razón.

¡No escuches nada de eso! No escuches ninguna voz que intente decirte que eres alguien distinto a lo que Dios dice que eres. Antes de que Dios te formara en el vientre de tu madre, él te conocía (Jeremías 1:5). Dios sabe todo acerca de ti, y quiere que tú también lo sepas. Él quiere compartir contigo quién eres realmente para que puedas desechar cualquier resto de identidad falsa que el mundo, los demás o el enemigo hayan puesto sobre ti, y comiences a vivir desde la identidad que te dio siendo tu Padre.

EL PLAN ORIGINAL

Dios quiere en este tiempo reiniciar tu diseño y hacerte volver al plan original. Durante los meses que he meditado en lo que el Señor me reveló para sus hijas, Él sacó a luz cosas que yo misma estaba cargando y comenzó a arrancarlas de mí. Me he sentido completamente libre y con una identidad clara de quien soy en Él.

Sé que en este tiempo hay en el corazón de Dios un anhelo por ver a sus hijas libres y completas. Él nos está dando un bautismo de amor para que seamos transformadas y totalmente nuevas. (Apocalipsis 21:5). Si le abrimos nuestro corazón, no quedará ni una secuela de las cosas pasadas; no habrá heridas, traumas, mentiras, ni mentalidades negativas. Nos sentiremos libres, recuperaremos la identidad y las cosas que el enemigo nos robó por décadas. En un mundo lleno de expectativas y roles impuestos, es fácil perder de vista quiénes somos verdaderamente. Pero hoy quiero recordarte que tu identidad no está definida por lo que el mundo dice de ti, sino por lo que Dios dice de ti. La Biblia nos proporciona una rica fuente de verdades que revelan nuestra identidad en Cristo, y es cuestión de vida o muerte que nos aferremos a ellas.

IDENTIDAD EN CRISTO

Conocer nuestra identidad en Cristo es de vital importancia para que podamos vivir sus planes y propósitos en la tierra. Es tentador construir tu identidad sobre lo que logras en la vida, pero esa no es una base estable. En Cristo, eres amada. Fuiste creada con un propósito. No eres la fotocopia de otra persona. Fuiste creada de manera única y con una intención. Dios diseñó con amor cada detalle de tu persona. Lo primero y más importante que debes saber es que eres hija del Rey.

Juan 1:12 dice: "Mas a todos los que le recibieron, a los que creen en su nombre, les dio potestad de ser hechos hijos de Dios". Esta poderosa verdad significa que, como hija, has sido adoptada en la familia de Dios. No importa cuál sea tu pasado o tus circunstancias actuales, tu valor y dignidad provienen de ser una hija de Dios.

Eres llamada a un propósito único y significativo. Efesios 2:10 dice: "Porque somos hechura suya, creados en Cristo Jesús para buenas obras, las cuales Dios preparó de antemano para que anduviésemos en ellas". Tu vida tiene un propósito divino, y Dios ha preparado obras especiales solo para ti.

Al caminar en obediencia y fe, descubrirás y cumplirás ese propósito. Dios pensó en ti antes de la fundación del mundo. Dios te planeó. Jeremías 29:11 dice que Dios conoce los pensamientos y los planes que tiene para ti. La Biblia dice que toda vida viene de Dios.

Así que, si estás leyendo esto, no importa cómo llegaste al mundo; no importa si tus padres estaban casados o si alguno de tus padres te rechazó. Tu alma, tu mente, tu voluntad y tus emociones no determinan tu valor. Debes entender tu valor; no puedes permitirte pensar menos de ti de lo que el Padre piensa de ti. Y sus pensamientos hacia ti son maravillosos además de abundantes porque superan en número a los granos de arena en este planeta.

TU VOZ

Además de las voces del mundo, de las personas que te rodean y del enemigo, hay otra voz que puede ir en contra de la identidad que Dios te ha dado: ¡Tu voz! Hay ocasiones en que es nuestra propia voz dentro de nuestra cabeza la que intenta convencernos de que no somos quienes Dios dice que somos. A veces me digo a mí misma: "No puedo permitirme tener pensamientos en mi cabeza que mi Padre no tenga en la suya".

A pesar de que desde niña mi identidad y autoestima fueron muy dañadas, y aún ahora me encuentro con personas que quieren hacerme sentir que no valgo y que no puedo, conocer lo que Dios piensa de mí le dio a mi vida sentido y propósito.

Ahora vivo sin condenación, vergüenza o culpa. Una de las armas de guerra más importantes que tenemos para toda batalla es nuestra identidad dada por Dios. Cuando permitimos que Dios nos revele quiénes somos verdaderamente, y elegimos creerle, podemos vivir desde esa identidad y confiar en que Dios la respaldará.

Cuando sabemos quiénes somos en Cristo, podemos enfrentar cualquier situación o circunstancia con la confianza en que veremos la victoria, porque estamos caminando en el destino para el que Dios nos creó, nos llamó y nos ha capacitado.

El Señor te dice

No cambies por nadie, no pierdas tu identidad, no te dejes engañar, no te dejes confundir. Te hice tal como te quiero. Te he creado tal y como te necesito. ¡Ahora todo cambiará! Has pasado por una temporada tan importante que te ha puesto a prueba duramente, pero has vencido.

La justicia y la restauración han venido a visitarte y a darte las llaves de la libertad. ¡Ahora es el tiempo de celebrar y regocijarte! Lo que estaba planeado para eliminarte, en realidad te hizo más fuerte, más sabia y te preparó para el mayor avance que hayas experimentado. Ahora toma lo que has aprendido y fortalece a otros para que continúen su lucha por la libertad.

Oremos

Padre amado, gracias por darme identidad. Te pido que resaltes las áreas de mi vida en las que no estoy viviendo en plenitud. Dame el valor de salir y ser vista por quién soy en mi totalidad, incluso si no encajo perfectamente con quienes me rodean. Te creo que es tiempo de caminar en libertad y autenticidad. Te pido que me traigas a la memoria las cosas que necesito enfrentar para que puedas traer sanidad a ellas. Anhelo intimidad contigo para que me reveles la verdad que trae sanidad y elimina el dolor, incluso traumas y células de mi cuerpo donde se han almacenado.

Guíame a buscar a otros hijos tuyos que puedan ayudarme en este proceso, como guías espirituales, consejeros o ministros de sanidad interior. Te pido que me reveles escrituras que se convertirán en verdades fundamentales de mi identidad y el marco sobre el cual construiré de ahora en adelante. Gracias, Padre, por la obra que estás haciendo en mí y por la obra que harás a través de mí. Amén.

DÍA 20

SÉ VALIENTE, AUNQUE AUN NO LO SEAS

*Atrévete a ser valiente hoy y confía
en que cuando extiendas tus alas, volarás.*

MARÍA DEMUTH

Uno de los nombres con los que crecí era «miedosa». El miedo del que hablo estaba en mis pensamientos, vinculado a mis creencias limitantes sobre mí misma: miedo a ser vista, miedo al rechazo, miedo al fracaso, etcétera. El miedo es una emoción provocada por una amenaza de peligro, daño o dolor. Todas hemos experimentado miedo en algún momento.

Eso me mantuvo por muchos años atrapada en un círculo vicioso de inactividad.

Llegó a mi vida el libro Pies de ciervas en los lugares altos, de Hannah Hurnard, en la que relata una alegoría sobre nuestro caminar con el Señor. Cuenta la historia de una joven llamada Miedosa que emprende un viaje con su amiga Congoja hacia los lugares altos donde, al final, el perfecto amor de su Pastor echa fuera el temor. Durante ese viaje, ella va recogiendo piedras en una bolsita, que al final se convierten en joyas. Ella le pregunta a su Pastor para qué son y Él le responde que son para su corona. Sus palabras son: "Ya no te llamarás Miedosa, ahora te llamarás 'Gracia y Gloria'".

Esa corona de la que hablan se gana corriendo la carrera con valentía (1 Corintios 9:24-27). No se trata de una valentía cualquiera, sino de un tipo de valentía que solo viene de Dios y que nos capacita para saltar más allá de nuestra vocación y entrar en el tiempo señalado de acción y fructificación.

ENFRENTAR EL MIEDO

¡Nunca imaginé que un día estaría de pie dando una conferencia ante mil mujeres! Pero lo hice y aprendí que la mejor manera de perder el miedo es estar de frente a las situaciones que me intimidan.

Mientras lo hago, el miedo pierde poder sobre mí. Recuerdo el primer "Cafecito con Magie"; mis piernas temblaban en la silla antes de subir al escenario, pero había invitado a una amiga pastora que me acompañó. Ella sujetó mi mano y me dijo: "Solo deja que el Espíritu Santo te tome".

Recordé que cuando María, la madre de Jesús, se llenó de temor ante el anuncio de que sería la madre del Salvador, el ángel le dijo: "El Espíritu Santo vendrá sobre ti" (Lucas 1:26-38). Ser libre del temor no significa que no volveremos a sentirlo. Significa que el Espíritu Santo está sobre ti y te da la fuerza, la capacidad y la ayuda que necesitas para enfrentar los desafíos con valentía.

CON TODO Y MIEDO

Aprender a ser valiente no significa no tener miedo. Significa actuar a pesar del miedo. Cuando aprendes a vivir con valentía, te das cuenta de lo mucho que te estabas perdiendo porque el miedo se interponía en tu camino. En su libro La locura de Dios, de Nik Ripken, cuenta la historia de Aisha, una viuda cristiana de veinticuatro años de edad convertida del Islam. Ella era tan abierta dando testimonio de lo que Cristo había hecho en su vida en medio del ambiente hostil de su ciudad islámica, que las autoridades la arrestaron y la pusieron en un sótano en la estación de policía.

En algún punto, cuando sintió que ya no podía soportar más, estaba a punto de gritar y para su sorpresa, lo que profirió su boca fue una alabanza a Cristo que salió de su corazón. Mientras cantaba, se dio cuenta de que había cesado el movimiento en el piso de arriba. Los hombres estaban escuchando. Esa noche, el jefe de la policía bajó a decirle que la iba a llevar a casa con una condición: "En tres días debes ir a mi casa. No entiendo por qué no le temes a nada. Mi esposa e hijas, y todas las mujeres en mi familia tienen temor de todo. Pero tú no le temes a nada; quiero que vengas a mi casa para que puedas decirles la razón de tu valentía. Y quiero que les cantes esa canción".

¡Somos llamadas a vivir con valentía! Estamos configuradas para ser mujeres llenas del poder del Espíritu Santo. William Booth dijo: "O nos despertamos, o alguien más tomará nuestro lugar, llevará nuestra cruz y terminará quitándonos nuestra corona". Permite que la esperanza sea el ancla de tu corazón. ¿Miedo? Sí, pero el perfecto amor de Dios cubrirá cada uno de tus temores. No hay ningún lugar donde su amor no pueda encontrarte.

Max Lucado dice: "El temor nunca escribió una sinfonía ni una poesía, nunca negoció un tratado de paz ni sanó una enfermedad. El temor nunca sacó a una familia de la pobreza ni a un país de la intolerancia.

Nunca salvó a un matrimonio ni a un negocio. El valor sí lo hizo. La fe lo hizo. Lo hicieron las personas que se rehusaron a dejarse aconsejar por el temor o achicarse frente a su timidez. El temor nos conduce a prisión y cierra la puerta".

El Señor te dice

La temporada que se avecina estará llena de citas divinas y nuevos comienzos que surgirán en el momento justo. No permitas que el miedo o la duda cierren las puertas que tengo la intención de abrir de par en par. Suelta el control y confía en mí para guiar tus pasos.

Veo potencial y posibilidades que aún no puedes imaginar. Nuevas relaciones, recursos y ámbitos de influencia esperan a quienes se mantengan firmes en la fe a pesar de los tiempos inciertos. Pero debes atravesar con valentía y coraje las puertas que yo abro, sin permitir que la complacencia o la comodidad obstaculicen tu crecimiento.

Habrá riesgos e incógnitas, pero estaré a tu lado en cada paso del camino. Yo soy el Hacedor de Caminos y me deleito en mostrar mi poder en favor de aquellos que ponen su esperanza en mí. Conozco los deseos que he incrustado profundamente en tu espíritu.

¡Levántate, hija mía! Las puertas se están abriendo ante tus ojos. No pierdas tu momento por estar atada al temor. Estoy haciendo algo nuevo, ¿puedes percibirlo?

Oremos

Padre, en el nombre de Jesús te pido valentía. A veces, he luchado con la pasividad. He elegido un camino fácil en lugar de los caminos de la autodisciplina y de caminar con valentía sobrenatural. Me arrepiento y te pido, de nuevo, que me des valentía.

Quiero la valentía que la sangre de Jesús ha comprado para mí. Quiero la valentía que solo tu Espíritu Santo me puede dar. ¡Elijo dejar brillar mi luz, sin avergonzarme! Gracias, Señor, porque estás aclarando mi asignación. Me enfrentaré valientemente a los desafíos que la vida me presente. ¡Viviré sin miedo y valiente como un león! Amén.

Mujer Hermosa

El editor de una prestigiosa revista solicitó a un grupo de madres que escribieran cartas a sus hijos para el Día de la Madre. Una de ellas escribió esto a sus hijas:

AMADAS HIJAS MÍAS,

A medida que crecen y se convierten de niñas a mujeres adultas, algunas personas las juzgarán por su apariencia en lugar de por su corazón. Pero lo que son importa mucho más que su apariencia. Nunca pierdan de vista quiénes son, por dentro y por fuera. Ignoren a quienes las odian y ven sus cuerpos como objetos o cosas.

Estamos viviendo un momento confuso en cuanto a ser una mujer hermosa. Un artículo publicado en internet decía que, en la actualidad, la inteligencia artificial está inundando las redes sociales con imágenes de ideales de belleza poco realistas, por lo cual una de cada tres mujeres y niñas sienten presión para alterar su apariencia debido a lo que ven en internet, lo cual nos lleva a creer que la belleza es totalmente «hackeable» y que se puede conseguir a través de modificaciones infinitas de nuestros rasgos faciales mediante maquillaje, filtros, edición de fotos y retoques.

Sin embargo, en este mundo caído, donde la concupiscencia de los ojos a menudo gobierna nuestra visión y donde el esplendor exterior a menudo oculta un corazón opuesto a Dios, la Biblia nos advierte: "Porque todo lo que hay en el mundo, los deseos de la carne, los deseos de los ojos, y la vanagloria de la vida, no proviene del Padre, sino del mundo" (1 Juan 2:16).

Dios sabe que tenemos ojos que desean lo que vemos y que la apariencia significa mucho para nosotras. ¡Él hizo un mundo hermoso para complacernos! Así que, mientras el mundo que nos rodea nos enseña a concentrarnos intensamente en embellecer nuestro exterior, Dios en su Palabra enseña a las mujeres que la verdadera belleza se encuentra en su interior.

El Señor quiere embellecer a sus hijas con una gloria que el mundo no les puede dar. La definición en hebreo de la palabra «embellecer» (Strong H6286) es "adorado, honrado, glorificado, volver a hacer hermoso, añadir belleza; adornar; engalanar; avanzar en belleza". Él quiere que dejemos los estándares del mundo para ser embellecidas por los estándares del Rey de reyes.

Puedes pararte frente a un espejo y mirarte todo el tiempo que quieras, pero no verás allí la belleza que atrae la mirada de Dios porque se encuentra en el corazón. La belleza auténtica reside en el corazón, en la mente y en el espíritu, reflejando cualidades que trascienden tu apariencia física.

La capacidad de una mujer para enfrentar desafíos con valentía y dignidad muestra una belleza interior que inspira a quienes la rodean. Una mujer sabia, que imparte conocimiento y guía con discernimiento, posee una belleza que trasciende el tiempo y las circunstancias. Una mujer que ama incondicionalmente, siguiendo el ejemplo de Cristo, refleja una belleza que transforma vidas y corazones. Una mujer que vive en reverencia y adoración a Dios, mostrando su fe a través de sus acciones, irradia una belleza celestial.

Isaías 43:7 dice: "Traigan a todo el que me reconoce como su Dios, porque yo los he creado para mi gloria. Fui yo quien los formé y los hice".

DÍA 21

LA ESENCIA
DE TU BELLEZA

Toda tú eres hermosa, amada mía,
bella en todo sentido.

CANTARES 4:7

En un mundo que a menudo define la belleza por estándares superficiales, es esencial recordar que la verdadera belleza de una mujer, según la Biblia, va mucho más allá de lo que los ojos pueden ver. La auténtica belleza reside en el corazón, en la mente y en el espíritu, reflejando cualidades que trascienden la apariencia física.

La belleza real de una mujer se define por el temor a Dios, la compasión y la fortaleza de su carácter. Es un reflejo de su alma y de las huellas que deja en el mundo a través de sus acciones, palabras y manifestaciones de amor. Al celebrar y reconocer estas cualidades, honramos la verdadera esencia de la belleza femenina que Dios ha diseñado.

Como mujeres, nuestras fortalezas, nuestra belleza, nuestro valor y la esencia de quienes somos provienen del Creador, cuya imagen reflejamos. En el libro de Génesis 1:27 dice: "Y Dios creó al ser humano a su imagen; lo creó a imagen de Dios. Hombre y mujer los creó". Ser creadas a imagen de Dios es tener cualidades de Dios en nosotras.

La mujer que Dios creó refleja la perfección suya en el espíritu, alma y cuerpo de ella. Satanás cayó debido a su hermosura; ahora su deseo de venganza es vulnerar la belleza. Ezequiel 28:17 dice: "Se enalteció tu corazón a causa de tu hermosura; corrompiste tu sabiduría a causa de tu esplendor". Cada día de tu vida ese enemigo hará lo posible por destruirla y distorsionarla para que reflejes un mundo roto y lisiado en lugar de reflejar a Dios. Es por esta razón que las mujeres siempre estamos luchando por ser bellas. Cada mañana que nos vemos al espejo o nos subimos a la báscula encontramos que algo está mal con nosotras.

Satanás se alegra de vernos discutir sobre la belleza siempre y cuando nos distraiga de vivirla. Muchas veces nos hace concentrarnos demasiado en presentarnos al mundo como portadoras de la imagen de nuestras ideologías elegidas, olvidando que fuimos creadas para reflejar la imagen de Dios.

La agresión a nuestra belleza es real; nos han susurrado mentiras de que no somos lo suficientemente bonitas, lo suficientemente inteligentes, lo suficientemente capaces o lo suficientemente buenas; nos han llenado de inseguridades y no hemos visto lo bellas y maravillosas que somos.

DEL INTERIOR

La verdadera belleza fluye de un corazón en reposo y necesita ser cultivada y restaurada. 1 Pedro 3:3-4 dice: "No se interesen tanto por la belleza externa: los peinados extravagantes, las joyas costosas o la ropa elegante. En cambio, vístanse con la belleza interior, la que no se desvanece, la belleza de un espíritu tierno y sereno, que es tan precioso a los ojos de Dios".

Pedro no está diciendo que las joyas, el peinarse y vestirse lindas estén prohibidos. De hecho, revelar belleza es uno de los deseos que Dios puso en tu corazón. Encontramos muchos ejemplos en la Biblia donde las mujeres piadosas usaban ropa y joyas. Por ejemplo, la mujer de Proverbios 31, que se presenta en la Biblia como un modelo de la feminidad bíblica, vestía ropa colorida y de alta calidad (Proverbios 31:22). Leemos que la novia en el Cantar de los Cantares adornó su apariencia con joyas (Cantares 1:10).

Se nos dice que Ester se sometió a doce meses de tratamientos de belleza: seis meses con aceite de mirra y seis meses con perfumes y cosméticos, pero cautivó al rey por la belleza de su corazón (Ester 2:12, 2:17). Noemí animó a Rut, una mujer hermosa de corazón, a ponerse linda en su exterior para sentarse a los pies de Booz (Rut 3:3).

El atractivo físico tiene su lugar, pero la verdadera belleza, según las Escrituras, emana del interior. Debemos esforzarnos por cultivar la belleza divina interior y exterior, y por reflejar la luz de nuestro Señor a un mundo que necesita verdadera belleza y esperanza.

REGALO DE DIOS

La belleza física es en realidad un regalo de Dios y puede usarse para darle gloria a Él. Eclesiastés 3:11 dice: "Todo lo hizo hermoso en su tiempo; y ha puesto eternidad en el corazón de ellos, sin que alcance el hombre a entender la obra que ha hecho Dios desde el principio hasta el fin". Como mujeres, en cierto sentido, mostramos la gloria de Dios a través de la belleza. Hay una gran diferencia entre ser esclava de tu apariencia, ser vanidosa y mostrar la belleza que Dios te ha dado con modestia. Proverbios 31:30 dice: "El encanto es engañoso, y la belleza no perdura, pero la mujer que teme al Señor será sumamente alabada".

Así que el temor del Señor debe ser nuestra prioridad. Dejemos de lado la idea de que la belleza física debe ser despreciada y escojamos verla como un regalo de Dios. Pero también, no la elevemos hasta el punto en que se convierta en una obsesión. No importa si eres delgada, gordita, bajita, alta, rubia o morena, Dios con sus amorosas manos te formó de tal manera que dejó su huella en ti y te creó intencionalmente para reflejar su imagen.

Las mujeres estamos siendo preparadas de manera integral para encontrarnos con el Rey de reyes como su Novia, la Iglesia. Las mujeres somos el epítome de la belleza. Dios es hermoso y Él requiere que su Novia demuestre su belleza interior y exterior de una manera saludable y equilibrada.

El Señor te dice

¡Tú eres mi bella amada! ¡Tú eres mi obra maestra! ¡Tú eres mi canción! No hay nadie más que contenga tu esencia perfecta, porque te diseñé con un propósito y con una intención, y te he llamado hermosa. Conozco cada detalle íntimo de ti, cada mancha y defecto que tú mencionas, sin embargo, para mí eres perfecta.

Quiero que sepas que eres visible. No solo el rostro que presentas en tus mejores días, sino también el que a veces muestras con los ojos tristes. Cuando piensas que nadie más te está mirando y que nadie conoce tu confusión interior, ¡yo te veo! He guardado tus lágrimas y lloro cuando tú lloras. Mi presencia está tan cerca y son mis brazos los que sientes. Ven a descansar tu cabeza sobre mí. Porque yo soy tu paz y tu lugar de descanso. Encuentra el coraje para ser audaz y valiente, ofreciendo tu belleza y vulnerabilidad según te guíe mi Espíritu.

Oremos

Padre bueno, te alabo en el nombre de tu hijo Jesucristo. Muéstrame mi belleza, revélame lo que me ha causado daño para que pueda ponerlo bajo la sangre de tu Hijo y que me muestres lo que tú piensas de mí como mujer. Padre, muéstrame cómo verme a través de tus ojos. Prometo hablar solo cosas acerca de mí que honren tu creación. Reconozco que me creaste maravillosamente a tu imagen. Nada que haya sucedido en mi pasado, nada que se haya dicho de mí para causarme dolor volverá a estorbar mi vida. Soy bella, soy hija del Rey. Amén.

DÍA 22

MI CUERPO, SU TEMPLO

*El no solo te hizo, también te sustenta, te define,
se preocupa por ti, te acepta, y te ha formado
con un propósito muy específico.*

KERRY CLARENSAU

En esta era digital, los medios de comunicación desempeñan un papel crucial en la formación de opiniones, valores y percepciones, especialmente en lo relacionado con la imagen corporal. La constante exposición a fotografías y mensajes que promueven ideales de belleza poco realistas puede tener profundos efectos negativos en la autoestima de muchas mujeres, ya que se basan en un estándar inalcanzable. Según la encuesta global anual de la Sociedad Internacional de Cirugía Plástica Estética (ISAPS, por sus siglas en inglés), en 2023 se realizaron en el mundo 34,9 millones de cirugías y procedimientos estéticos, un 3,4 % más que el año anterior, muchos de dichos procedimientos se realizaron en mujeres. Esto significa que cada año crece el número de mujeres insatisfechas con su cuerpo, y lo peor es que muchas han muerto por un mal procedimiento.

El mundo te dice: "Tu cuerpo te pertenece, haz con él lo que quieras". Dios te dice: "Tu cuerpo es mi habitación, ¡cuídalo!" Hay procedimientos necesarios por salud, así que deben realizarse, pero con los demás, debemos tener cuidado. Nuestra alma trata de dictarnos lo que debemos hacer, nuestro cuerpo trata de dictarnos lo que debemos hacer, lo demoníaco trata de dictarnos lo que debemos hacer, las circunstancias externas a nosotros tratan de dictarnos lo que debemos hacer, pero tú puedes someterlas a la perspectiva divina.

SU BELLEZA ES NUESTRA BELLEZA

A medida que buscamos una vida más profunda en Cristo, también nosotras podemos experimentar la hermosura de nuestro Señor y permitir que su belleza brille a través de nosotras.

Él se deleita en acercarse a su Novia para reemplazar las mentiras de la industria de la belleza con su amor y aceptación incondicional. Puedes hablarle a tu cuerpo y a tu alma y decir: "Cuerpo, Dios es amor. Alma, Dios es amor".

Nuestro Amado quiere restaurar la imagen que tenemos de nosotras mismas. Dios dice que tu cuerpo es su templo. Si analizas la historia de cómo Dios habitó el templo en el Antiguo Testamento, incluso el "Lugar Santísimo" al que se hace referencia en el libro de Hebreos 9:2-14, verás que Dios está trazando un paralelo entre eso y nosotros.

1 Corintios 6:19 dice: "¿No se dan cuenta de que su cuerpo es el templo del Espíritu Santo, quien vive en ustedes y les fue dado por Dios? Ustedes no se pertenecen a sí mismos". Dios quiere que te comprometas a reconstruir su templo. Este es un tiempo de rendición para que tu espíritu, alma y cuerpo sean reconstruidos como un templo limpio delante del Señor.

Las implicaciones de este pasaje son profundas y de largo alcance. Entender que nuestro cuerpo es templo del Espíritu Santo debería influir en nuestra perspectiva y acciones en varios aspectos: cuidar nuestra salud física, la pureza sexual, la salud mental y emocional, y nuestra apariencia en la manera de vestir.

Debemos elevar el estándar de lo que una mujer de Dios debe parecer. Estamos vestidas con dignidad y honor así que debemos respetar nuestro templo. Cuando estás segura de ti misma y de cómo Dios te hizo, no sientes la necesidad de exhibir tu cuerpo innecesariamente.

ARMONIOSO TRABAJO

Al obedecer los mandamientos del Señor, viviendo según su Palabra y permaneciendo en integridad, autenticidad y moralidad, estamos en línea con quién es Dios. La Dra. Katheryn Butler dice: "En medio del lodazal de la cultura y las redes sociales, de nuestros músculos adoloridos y nuestras hormonas inmanejables, podemos perder de vista la bondad de Dios. La verdad es que, aunque caídos, nuestros cuerpos siguen siendo buenos incluso cuando envejecemos y cambiamos porque todo lo que Dios hizo es bueno" (Salmo 139:13-14).

Dios nos está haciendo a la imagen de Cristo, reformando dentro de nosotras un trabajo armonioso de todas nuestras partes (espíritu, alma y cuerpo). Él no quiere que una parte de nosotros esté fragmentada o fuera de lugar con otra. Él quiere que tengamos una vida sana y armoniosa; quiere que tengamos un estilo de vida interno y externo que funcione de acuerdo con y desde la totalidad que nos dio Cristo, en lugar de una identidad fracturada y falsa, fundamentada en una mentalidad y creencias impías, en emociones y estilo de vida basados en traumas y en enfermedades.

2 Corintios 11:2-3 dice: "Pues los celo, con el celo de Dios mismo. Los prometí como una novia pura a su único esposo: Cristo. Pero temo que, de alguna manera, su pura y completa devoción a Cristo se corrompa, tal como Eva fue engañada por la astucia de la serpiente".

No aceptes puntos de vista que no sean la perspectiva de tu Creador. Comienza a vivir desde el descanso, desde la victoria, desde la seguridad de tu corazón y de tu identidad. Es tiempo de aceptarte y celebrarte como una creación única de Dios.

No necesitas agradarle a todo el mundo para tener el favor de Dios en tu vida. Él te está llevando a la experiencia de la plenitud de la victoria de la cruz, eres su novia sin mancha ni arruga, y quiere que luzcas exactamente como Él.

El Señor te dice

Eres mi hija, mi amada, ya sea que pienses que eres lo suficientemente hermosa o no. Todo tu esfuerzo no puede cambiar eso. Preciosa y amada niña, nunca te abandonaré. Te he plantado donde estás y he puesto mi manto real sobre tu espalda. Mi manto te ha hecho digna y real, y nunca te lo quitaré. Eres de la realeza y no tienes nada que demostrar.

Tu identidad no está en lo que otros dicen de ti, sino en la razón por la que yo te creé: porque te conocí antes de que nacieras y te amé antes de que existieras en la tierra. Yo soy tu Creador; tú eres como yo te hice. Tu existencia misma es una realidad porque yo así lo quise. Te hice porque te amo; te hice para que fueras mi imagen. No hagas caso a los informes de desánimo y temor. Yo te tengo en mi mano y nadie puede sacarte de allí.

Oremos

Padre, en el nombre de Jesús, te doy gracias por amarme y por poner tus ojos en mí. Quiero honrarte con mi espíritu, mi alma y mi cuerpo. Señor, quiero estar más comprometida contigo y con un estilo de vida saludable.

Ayúdame a tomar buenas decisiones que mejoren continuamente mi salud. Mi cuerpo es tu templo, y yo quiero mantenerlo en excelente forma para ti. Que con mis acciones pueda demostrar que vivo para tu gloria y para tu honra. Amén.

DÍA 23

PERLAS DE PUREZA

La verdadera belleza se mide por la cantidad
de perlas que hay dentro de ti,
no por las que tienes alrededor de tu cuello.

SUZY KASSEM

Quinientas mujeres se habían dado cita para escuchar una conferencia que llamé: "Que nadie te robe tu corona" en uno de los "Cafecito con Magie". Yo estaba saliendo de duras pruebas, pero ese evento era un paso más de obediencia. Al momento de orar por las que se acercaron a mí, llegó una amiga a la que aprecio mucho. Llevaba en sus manos una pequeña caja, y al abrirla, vi que era un anillo. Ella dijo: "El Señor me dijo que tenía que traerte una perla, y esta es auténtica". ¡Fue como recibir un anillo de compromiso!

Cuando una novia enamorada recibe un anillo de compromiso, siempre es motivo de gozo. Ella entiende que su anillo es una promesa de un pacto mayor que está por venir. El hermoso anillo es una invitación a participar en más: más vida, más amor y más alegría. Un anillo de compromiso también es un símbolo que la novia usa para testificar al mundo: "He encontrado al que amo y ¡he sido elegida!" El anillo en su dedo le notifica al mundo que ella ha dicho: "¡Sí! Me comprometeré a amarte y tener ojos solo para ti, me comprometo a vivir apartada para ti", justo lo que yo declaré al recibir aquel hermoso anillo.

PUREZA Y SANTIDAD

Como ya hemos visto, en este mundo donde la apariencia externa a menudo se valora más que el carácter interno, las mujeres estamos llamadas a redescubrir la verdadera belleza que reside en el compromiso de una vida de pureza y santidad. A primera vista, la pureza puede parecer lo mismo que la santidad, pero no lo es. La santidad significa ser apartada o consagrada, mientras que la pureza es la manera en que nos comportamos debido a la consagración.

La pureza es el resultado de la santidad. Al igual que las perlas que se forman en la profundidad del océano y brillan con una luz propia, la pureza y la santidad son joyas preciosas que cada mujer puede cultivar en su corazón. Como hijas de Dios viviendo en un mundo lleno de pecado, el llamado a la pureza y la santidad es imprescindible, ya que muestra el carácter del Dios al que pertenecemos. Definitivamente, tiene mucho valor. Algo puro es exclusivo y no ha sido alterado en ninguna medida, está libre de mezclas (Santiago 3:11-12).

Dios espera que vivamos en santidad con un corazón puro que se manifieste en todas las áreas de la vida. 1 Pedro 1:15-16 dice: "Como Aquel que los llamó es Santo, así también sean ustedes santos en toda su manera de vivir. Porque escrito está: Sean santos, porque Yo soy santo".

El llamado es muy claro en 1 Tesalonicenses 4:7: "Porque Dios no nos ha llamado a impureza, sino a santificación". Sin duda, ser santas implica pureza. Esto es un mandato, no una sugerencia y debe manifestarse en todo: desde tus pensamientos y sentimientos, hasta tu comportamiento. La santidad abarca todo tu mundo interior y exterior. Tiene que ver con la manera en cómo te diviertes, cómo te arreglas, cómo usas el dinero, tus reflexiones, reacciones, motivaciones, aspiraciones, relaciones, sexualidad y afectos.

PUREZA SEXUAL

En Juan 8:1-11, leemos la historia de la mujer que fue sorprendida en adulterio. Cuando ella encuentra a Jesús, es transformada. No solo porque es liberada del poder del pecado por la misericordia de Jesús, sino también porque es lanzada hacia una revelación de su verdadera identidad en Cristo que continuamente transformará su vida. Por eso Jesús le dice: "Vete, y no peques más" (Juan 8:11). No le estaba diciendo: "No peques más para que seas perdonada".

Jesús ya la había perdonado cuando declaró: "Ni yo te condeno". Cuando la invita a no pecar más, la está llamando a vivir en santidad, no para ganar misericordia, perdón, favor o bendición, ya que ella ya posee todo eso en su relación nacida de nuevo con su Salvador (Efesios 1:3, 2 Pedro 1:3), sino para impulsarla hacia lo que ha sido el plan de Dios para ella.

Si eres casada, soltera, viuda o divorciada, ese es solo un estado de Facebook, tu llamado como mujer es a cuidar tu sexualidad. La pureza sexual implica limpieza; no alterar el diseño sexual de Dios en su forma ni en su uso.

La pureza sexual inicia en tu corazón, en lo más íntimo de tu ser y es imprescindible para estar cerca de Dios. Cada mujer puede descubrir y abrazar la verdadera belleza que viene de vivir dedicada a Dios, cultivando la pureza y santidad en cada aspecto de su ser. Como perlas preciosas, brillamos con una luz que no se apaga, reflejando la gloria de nuestro Creador.

Es importante saber que la santidad no es un estado de perfección inalcanzable, sino un proceso continuo de crecimiento y transformación. Es un llamado a vivir de manera íntegra, reflejando los valores del reino de Dios en cada área de nuestra vida. Pasar tiempo en oración y reflexión nos ayuda a mantenernos conectadas con Dios para renovar nuestra mente y espíritu. La oración es un pilar fundamental para crecer en santidad. Al cultivar las perlas de la santidad en nuestra vida, nos convertimos en un reflejo de la belleza y la gracia de Dios.

El Señor te dice

Yo te estoy llamando a la santidad. Yo te estoy llamando a la fe sincera, al amor sincero y a la obediencia sincera hacia mí. Quiero que estés separada y seas santa para mí. Cuando vengas en completa rendición, derramaré mi Espíritu y fuego en ti, te llenaré hasta rebosar, y no solo serás una vasija de honra que usaré para mi gloria, sino que serás un manantial de mi Espíritu Santo, un conducto de mi poder, y mi gloria estará en medio de ti. Yo te ungiré. Yo te usaré poderosamente y brillarás.

Oremos

Padre Celestial, en el nombre de Jesús, me presento ante ti con un corazón sincero, deseando vivir en santidad. Reconozco mi necesidad de tu guía y fortaleza para caminar en pureza y reflejar tu luz en todo lo que hago. Señor, purifica mi corazón y mi mente.

Ayúdame a mantener mis pensamientos y acciones alineados con tu voluntad. Que mis palabras sean siempre de edificación y mis actos reflejen tu amor y compasión. Dame un espíritu humilde para reconocer mis debilidades y buscar tu ayuda en todo momento.

Llena mi vida con tu presencia y transforma cada área de mi ser para que pueda vivir de acuerdo con tus principios. Amén.

DÍA 24

VALORA TU SINGULARIDAD

*Solo existe una versión precisa de la verdad
de tu valor y esa es la verdad del Padre,
porque eres su creación.*

VICTORIA BOYSON

Cada mujer es una creación única de Dios, con talentos, habilidades y características que la distinguen. Reconocer y apreciar esta singularidad no solo fortalece nuestra autoestima, sino que también nos permite vivir plenamente el propósito para el cual fuimos creadas. La palabra "única" se define como ser singular, inusual, peculiar o especial de alguna manera;

ser distinta, excepcional e insustituible; ser auténtica, genuina y real, ser un original y no una falsificación. Necesitamos descubrir nuestra singularidad como mujeres. Dios, en su asombrosa sabiduría, nos hizo únicas y su Palabra nos brinda indicaciones claras y válidas de nuestra naturaleza exclusiva e incomparable.

Uno de mis versos favoritos en Cantares 6:8-9, dice: "Puede haber sesenta reinas, y hasta ochenta concubinas y un sinnúmero de doncellas, pero la paloma que poseo es única y perfecta". Los eruditos dicen que estas palabras fueron escritas como una imagen de cómo Jesús, el amante de nuestra alma, nos ve individualmente.

AFIRMA TU VALOR

A pesar de mi timidez y mis inseguridades, he caminado con fe y obediencia en este llamado. Yo le decía: "Señor, ¿cómo voy a cumplir con todo lo que has puesto delante de mí?", porque sabía que me había llamado a predicar su Palabra y mi voz es tan suave. Admiraba a las mujeres que gritaban en el micrófono porque había confundido gritos con autoridad, hasta que un día Dios me dijo: "Así como tú eres, te voy a usar".

Sin embargo, muchas veces a donde voy encuentro a alguien que quiere verme como una flor machucada por su zapato, haciéndome sentir que no valgo.

Me había preparado para ser una de las conferencistas en un congreso de mujeres. Fui la primera en llegar y me senté en un cómodo sofá mientras esperaba que iniciara el evento. De repente, por la puerta entró la otra conferencista invitada. Nos presentaron y me saludó muy a la ligera, luego trató de hacerme sentir inferior. Por un momento lo logró.

Salí del salón y solo le pedí a Dios que me diera dominio propio y sabiduría para enfrentar la situación. En ese instante, el Espíritu Santo susurró a mis oídos 1 Corintios 1:27: "Dios eligió lo que el mundo considera ridículo para avergonzar a los que se creen sabios. Y escogió cosas que no tienen poder para avergonzar a los poderosos".

En lugar de sentirme avergonzada y desanimada, tuve la fuerza para predicar esa noche sin ningún temor. Lisa Bevere dice: "Los rivales son reales. Hay muchas probabilidades de que incluso en este momento alguien te vea como su rival sin que tú estés consciente de ello, pero los rivales revelan el poder de Dios".

Tú puedes afirmar tu valor a través de la Palabra de Dios que confirma lo amada, poderosa, valorada e increíble que eres. No te limites a leer los pasajes, sino que medita en ellos y confiésalos a lo largo de tu vida. Dios no hizo mujeres en serie, sino que trabajó con sumo cuidado creándonos con sus manos, moldeando a cada una de nosotras, una por una, con gran detalle y amor.

VIVIR EN PLENITUD

Nos acercamos más a la perfección cuando vivimos en plenitud como la mujer única que Dios creó, no cuando nos conformamos a la uniformidad que el mundo quiere prescribir o cuando nos comparamos con otras mujeres. Las mujeres seguras de sí mismas no pierden tiempo comparándose con las demás.

La clave para ver tu propio valor es darte cuenta de que Dios te hizo única. Tu belleza es individual. Tu camino no es como el de nadie más. Tu viaje es especial y avanzará a un ritmo que se adapta mejor a ti, a tu nivel de madurez, a tu capacidad de fe, a tu habilidad para manejar las cosas y, lo más importante, a la voluntad de Dios. No mires a tu vecina para ver en qué molde debes encajar, porque Dios te hizo única.

Valorar tu singularidad como mujer es un acto de fe y obediencia a Dios. Al aceptar y celebrar quién eres, honras a tu Creador y te posicionas para cumplir con el propósito que Él ha diseñado para ti. Que cada día sea una oportunidad para descubrir más tu valor y potencial, viviendo con la confianza de que eres una creación única y amada por Dios.

Aunque el mundo intente meterte en un molde y decirte quién debes ser, cómo debes lucir, qué vestir y cómo debes comportarte, elige abrazar tu propia frescura y ser la mujer hermosa, ungida y dotada que Dios creó. Deja que Dios sea tu guía para realizarte siendo quien eres. Mientras tengas su aprobación, eso es suficiente.

El Señor te dice

Tu coronación se acerca. Ha habido muchos pretendientes a esta corona y muchos más han intentado arrebatártela, pero no temas, porque esta corona es tuya y solo encaja en tu cabeza. Has caminado el camino y pagado el precio, así que es justo que recibas la recompensa.

El reino de Dios opera en un sistema de recompensas, y siempre recompensaré tu diligencia, tu fe y obediencia. Serás celebrada y honrada por muchos mientras mi gloria irradia y brilla a través de ti. Aprende a mantener la misma postura humilde que te ha traído hasta aquí y siempre recuerda humillarte ante mí, porque exalto a los humildes y me opongo a los orgullosos.

Oremos

Padre Celestial, te agradezco por crearme única y especial. Ayúdame a ver mi valor a través de tus ojos y a aceptar mis dones y talentos con gratitud. Guíame para vivir de acuerdo con el propósito que tienes para mí, y permíteme ser una luz en el mundo, reflejando tu amor y gracia.

Gracias, Señor, por crearme como mujer. Gracias por poner en mi vida personas a las que puedo llegar de manera única con tu amor. Dame la gracia de ver tu propósito en mi vida y la capacidad de ayudar al mundo a mi manera. Amén.

DÍA 25

EL VUELO HACIA
TU LIBERTAD

*Nunca dependerá del dolor, siempre dependerá
de la actitud que adoptes frente a él.*

MAGIE DE CANO

El maravilloso amor de Dios por sus hijas las está llevando a un lugar más profundo de libertad, florecimiento y transformación. Dios sabe que hemos luchado con cosas y situaciones dolorosas, y muchas hemos sido atacadas durante demasiado tiempo con enfermedad. El enemigo se ha esforzado por derribarnos, ya que teme que nos convirtamos en todo lo que Dios dijo que somos.

A veces, la desesperación nos aprieta la garganta con tanta fuerza que solo podemos alzar la voz lo suficiente para clamar: "¿Por qué, Señor? ¿Por qué la artritis, por qué el cáncer, por qué este dolor?"

OJOS HACIA EL CIELO

Hay una escena poderosa en los Evangelios que muestra en un instante cuán vivificante puede ser el encuentro entre Jesús y una mujer. Lucas 13:10-13 dice: "Un sábado, Jesús estaba enseñando en una de las sinagogas y estaba allí una mujer que por causa de un espíritu llevaba dieciocho años enferma. Andaba encorvada y de ningún modo podía enderezarse. Cuando Jesús la vio, la llamó y dijo: —¡Mujer, quedas libre de tu enfermedad! Al mismo tiempo, puso las manos sobre ella; al instante la mujer se enderezó y empezó a alabar a Dios".

Observemos el contexto: Jesús está en una sinagoga instruyendo a quienes se reunían allí, un lugar sagrado donde la comunidad se reúne el día de reposo. Entonces, entra silenciosamente una mujer que durante dieciocho años ha estado encorvada; sus ojos no están en el horizonte ni en el cielo. Ella no puede obtener una perspectiva de su futuro, no ha visto más que el suelo.

Quizás para ella, el dolor y el sufrimiento por su enfermedad se hicieron costumbre, pero llegó el día cuando se cansó y tomó una decisión sabia y una acción. Se dirigió a la sinagoga donde estaba Jesús predicando. Generalmente, la fe nace como resultado de la desesperación y la angustia.

Debe haber sido difícil caminar hasta la sinagoga, pero lo hizo, quizás arrastrando los pies fue en busca de su milagro. Al llegar, solo quería escuchar y orar. Quizás en lo profundo de su corazón estaba buscando alivio para su dolor. Jesús se dio cuenta de que ella estaba atrás, escondida, intentando pasar desapercibida, pues para ella no había un lugar preferencial; las primeras filas estaban reservadas para los líderes religiosos y las personas prominentes de la comunidad.

Jesús podría haber continuado con su enseñanza, pero la Biblia dice: "Cuando Jesús la vio, la llamó". Un sentimiento de compasión brotó de su corazón. Detuvo su enseñanza y concentró su mirada en ella. Frente a toda la asamblea, la llamó, le tendió la mano; sus palabras poderosas y su toque sanador le dieron fuerza a su columna vertebral torcida cuando dijo: "¡Mujer, eres libre!" La gente debe haberse sorprendido. Nadie le había prestado atención, hasta que Jesús provocó que ella fuera la persona más importante de la sinagoga.

SER SALVA

Lucas 9:56 dice: "Porque el Hijo del Hombre no ha venido para destruir las almas de los hombres, sino para salvarlas". La palabra «salvar» en el original griego es la palabra «sozo». Se refiere específicamente al perdón de pecados, a la sanidad de la enfermedad y a la liberación del tormento. Eso es salvación.

Jesús nos proporcionó lo que necesitábamos para ser salvas en espíritu, alma y cuerpo. Uno de los nombres de Dios es "Jehová Rapha", "El Señor que sana" (Éxodo 15:26), así que es la naturaleza de Dios sanar. La sanidad no es solo algo que Dios hace, es alguien que Él es. Él es el Sanador. De modo que nuestra fe no está en la sanidad, sino en el Sanador.

Jesús desea sanarnos. Un leproso vino y le preguntó: "Si quieres, ¿puedes limpiarme?" Jesús respondió: "Sí quiero" (Lucas 5:13). Jesús es el mismo ayer, hoy y por los siglos. Él está dispuesto a sanarte hoy.

La razón más importante por la que creemos en la sanidad es porque Jesús llevó nuestro pecado junto con nuestra enfermedad en la cruz (Mateo 8:16-17), por lo que la enfermedad es ilegal en nuestro cuerpo.

SAL DE TU ESCONDITE

Jesús tocó a esta mujer porque ella fue a buscarlo a la sinagoga y cuando Él la llamó, ella se acercó. Tienes que estar dispuesta a salir del lugar donde has estado oculta y caminar hacia Él. Jesús le dice: "Mujer, eres libre". El verbo en esta proclamación de Jesús es la palabra griega «apolyō», una palabra compuesta formada por las palabras -apo «de»- y -lyō «desatar»-.

Esta palabra bastante común se usa de varias maneras en el Nuevo Testamento: como un término legal para conceder absolución, liberación, perdón, aliviar y soltar; liberarse de una condición dolorosa como liberar a un cautivo, es decir, liberarlo de sus ataduras; darle libertad para partir, dejar ir, enviar lejos, despedir.

Jesús la sanó, restauró su dignidad y honor como mujer; ella, en agradecimiento, levantaba sus manos dándole gloria a Dios (Lucas 13:13). Fue un cambio de actitud en su espíritu, alma y cuerpo. Si realmente quieres ser libre, tienes que venir a Él y experimentar la restauración.

La mujer encorvada, a pesar de no poder enderezarse, descansó en el hecho de que acercarse a Jesús obraría el milagro que tanto anhelaba.

El Señor te dice

Allí donde la batalla y la oscuridad te hicieron ir más despacio, ahora te moverás en mi aceleración. Habrá un avance tras otro. ¡Es tiempo de levantarse! ¡Es tiempo de volar! La balanza de la justicia está siendo equilibrada.

Estoy rompiendo el asalto que ha venido contra ti tan intensamente en la oscuridad y estoy trayendo sanidad y plenitud a tu cuerpo. No solo verás una gran sanidad en tu cuerpo por el poder de mi Espíritu, sino que ahora llevarás el fuego de mi sanidad en tus manos.

Oremos

Amado Padre, en el nombre de Jesús, me vuelvo a ti. Te busco porque sé que todo lo que necesito, gozo, sanidad, fuerza y consuelo, se encuentra en tu presencia. Te busco porque quiero proteger mi corazón y sembrar mi confianza y esperanza en ti. Te busco porque sé que en medio de un ataque tormentoso puedo esconderme en ti. Eres el refugio para las víctimas de la tormenta. Y por cuanto me proteges y me cubres bajo la sombra de tus alas, sé que me sanarás de modo que puedas usarme otra vez. Me sanarás hasta que sea libre para volar a mi destino y propósito en ti. Amén.

DÍA 26

ESCOGIDA
PARA BRILLAR

*La belleza y la vida brillarán, mientras el Señor
sopla sobre sus planes y promesas para ti.*

MAGIE DE CANO

Dios, el Maestro de la restauración, ha sellado nuestras cicatrices con oro. Mientras me hablaba sobre el arte del kintsugi nacieron estos versos:

En las grietas doradas de mi ser,
resplandece la historia del renacer.
Cada grieta es un sendero de luz,

un testimonio de fuerza tras la Cruz.
Como el oro abraza la herida,
mi vida se levantará, enriquecida.

Toma mi corazón y mis heridas, Jesús,
ilumina mis errores y fracasos con tu gloria.
Llénalas y píntalas con oro.
Déjame brillar y resplandecer con Tu Redención.

Sé que mi futuro está unido a tu futuro
y soy para ti una mujer totalmente nueva.
Cada área de mí con la que he luchado te pertenece.
Descansaré en tus promesas
y en los planes que tienes para mí
porque tu bondad está invadiendo mi vida.

Es importante prestar toda nuestra atención a la imagen profética de la persona que Dios está creando y aprovecharla para establecer nuestro futuro. Él confía en nosotras para que dejemos que su gloria brille a través de nuestra vida.

SIN LÍMITES

¡Qué gran honor ser parte de este proceso milagroso y vernos convertidas en hermosas vasijas listas para ser puestas en lugares donde seremos usadas para su gloria! Su plan para nuestra vida no tiene límites.

Con la fe como motor, nuestra mente se ampliará para visualizar cosas más grandes y la posibilidad de cosas aparentemente imposibles.

Hemos sido escogidas con un propósito mayor. No estamos aquí por casualidad; cada una de nosotras tiene un llamado específico y una misión que cumplir. Levantarnos y brillar significa caminar en ese propósito con valentía y determinación, sabiendo que Dios está con nosotras y que su luz nos acompaña en cada paso del camino.

Isaías 60:1 dice: "¡Levántate y resplandece que tu luz ha llegado! ¡La gloria del Señor brilla sobre ti!" Dios nos llama a levantarnos y brillar. Esta no es solo una sugerencia, sino un mandato divino que nos recuerda nuestro propósito y valor en el reino de Dios. Ser escogidas para brillar implica un llamado a reflejar la gloria de Dios en todo lo que hacemos.

Cada acto de bondad, cada palabra de aliento, cada gesto de amor es una manera de mostrar al mundo la luz de Cristo que vive en nosotras. Como mujeres de Dios, tenemos la responsabilidad de ser faros de luz y esperanza para guiar a otros hacia la verdad y el amor de nuestro Señor.

COMO LA AURORA

Dios te ha puesto en un lugar de honor, y es tiempo de salir al escenario y brillar, toma tu lugar, este es el tiempo para que seas todo lo que Dios planeó para ti. Escribe ese libro, comienza ese negocio, termina esa carrera en la universidad. Tienes una voz que no puede ser silenciada. No necesitas el permiso de nadie para portar la gloria de Dios. ¡Tu llamado y tus sueños deben volverse tan grandes dentro de ti que no puedan ser contenidos ni apagados por nada ni por nadie!

Isaías 60:2-3 dice: "Pero la aurora del Señor brillará sobre ti; ¡sobre ti se manifestará su gloria! Las naciones serán guiadas por tu luz, y los reyes, por tu amanecer esplendoroso". Esta luz no es otra cosa que la presencia de Dios en nuestra vida, su Espíritu Santo que nos guía, nos fortalece y nos llena de sabiduría y amor. No debemos subestimar el poder de esta luz que habita en nosotras; es una luz que transforma, que ilumina nuestros caminos y que nos da la capacidad de impactar positivamente a quienes nos rodean.

Este es el tiempo para que des un paso al frente y brilles en todo lo que Dios te está llamando a hacer. No te intimides por lo que otras personas digan de ti. Las cosas que Dios preparó para ti son demasiado grandes e importantes como para permitir que otras personas te roben tu destino. Confía en la voz del Señor, mantén tu cabeza en alto. Mantente firme. Sé guiada por el Espíritu y no por tus sentidos. El pasado ya fue redimido.

La mujer de Samaria después de recibir su sanidad corrió hacia su propósito con la frente en alto y enfrentó a sus acusadores dándoles testimonio de lo que Jesús había hecho por ella diciendo: "Vengan a ver lo que Él hizo por mí". Muchos creyeron en Jesús por sus palabras. Ella ya no era una mujer de mala reputación, a partir de ese momento brillaba a los ojos de aquellos que la etiquetaron.

Cuando Dios cambia tu vida y sana tu corazón, te transformas de una mujer que solía retroceder a una que corre hacia todo lo que Dios tiene planeado. Dios ve todas tus infinitas posibilidades, Él ve tu potencial, tus dones, tus talentos. Él tiene un plan. Él te está llamando.

El Señor te dice

Tus sueños se cumplirán. Este es el momento para que te levantes. Yo he guardado para ti el mejor final. La promoción y el favor como hija de la realeza te están esperando. Estás siendo llamada ahora. Has sido preparada, no te escondas. Ahora es el tiempo para levantarte y brillar.

Oremos

Amado Padre, vengo a ti en el nombre de Jesús para aferrarme a tu Palabra. Yo te creo y me levanto del lugar en donde me había quedado postrada porque me has llamado a brillar. Te doy gracias porque tu luz ha venido a mí y tu gloria reposa dentro de mí.

Hoy me levanto con valentía y audacia, en el poder del Espíritu Santo para decirle al enemigo: "¡Basta ya!" Ahora me levanto, en el nombre de Jesús, de la postración en que me han tenido mis circunstancias. Hoy tomo mi lugar y decido avanzar hacia mi destino. Amén.

DÍA 27

ENFOCADA
EN LA META

Algunas personas sueñan con tener éxito,
otras se levantan temprano para conseguirlo.

ANÓNIMO

Convertirnos en mujeres con visión nos da una dirección clara y una poderosa motivación para tomar decisiones sobre lo más importante hasta lo que consideramos trivial como qué debo comer, cómo debo gastar mi dinero, cómo debo usar mi tiempo y mis talentos. Estas pueden parecer preguntas sencillas, pero en realidad, nuestras decisiones diarias determinan nuestro destino.

Hace mucho tiempo definí mi declaración de visión de vida personal como: "Toda mi vida se reduce a una sola cosa: conocer a Jesús y trabajar para que otros lo conozcan". Esta visión es mi brújula. Cuando la vida se vuelve agitada y los días de ministerio difíciles, es mi visión de vida la que me recuerda por qué hago lo que hago y cuál es mi propósito.

Cierto día reflexioné por qué mi vida era tan diferente a la de otras mujeres; muchas veces no hay tiempo para ir a tomar un café con una amiga o irme de vacaciones a la playa. Fue entonces que llegó a mis manos un documento sobre la vida de Kathryn Kuhlman, una mujer muy usada por Dios. Alguien le preguntó cuál fue el precio de caminar en los milagros, señales y maravillas que a menudo siguieron a su ministerio, ella respondió que le había costado ser la mujer más solitaria de la tierra.

Es decir, en un estado terrenal, no pudo hacer lo que otros hacían. Cuando otros estaban en el cine, ella estaba en su habitación orando. Cuando ellos estaban en reuniones, ella estaba en su habitación orando. Cuando ellos estaban en eventos deportivos, ella estaba en su habitación leyendo la Biblia. Cuando ellos estaban cenando, ella estaba ayunando.

Ella sabía el costo y estaba dispuesta a pagarlo. Ella consagró su vida como sacrificio vivo para que Dios pudiera usarla como Él quisiera y cuando terminara, solo Él recibiría la gloria. Entonces entendí que ser una mujer con visión es trazar un camino claro y mantener una determinación inquebrantable para alcanzar esos sueños, además tuve muy claro que vale la pena el sacrificio.

TU VISIÓN Y PROPÓSITO

Definitivamente tu propósito es diferente al mío, pero sin duda hay sueños, metas y proyectos que te gustaría alcanzar. En algún momento de nuestra vida, todas levantamos la vista de la rutina diaria y nos damos cuenta de que de alguna manera nos hemos desviado del camino, pero ser una mujer enfocada requiere coraje, determinación y una visión clara del futuro.

Proverbios 29:18 dice: "Donde no hay visión, el pueblo se extravía". La palabra «visión» se relaciona con soñar. Significa una especie de revelación de Dios. Y donde no existe esta visión, este sueño dirigido por Dios, el pueblo "se extravía", literalmente, "se descontrola". Sin visión no puedes concentrarte, no puedes alcanzar tus metas, no puedes seguir tus sueños. Sin visión, las personas pierden la vitalidad que las hace sentir vivas.

Dios no puede cumplir tus sueños si no tienes uno. Dios no puede bendecir tu visión si no tienes una para tu vida. Dios no puede ayudarte a alcanzar una meta si no tienes una. Quizá por esta razón Dios le dijo a Habacuc: "Escribe la visión y grábala en tablas, para que corra el que la lea" (Habacuc 2:2).

Básicamente, nos está diciendo que escribamos la visión claramente, para que el que corre pueda hacerlo de la manera correcta. Lance Wallnau dice: "Cuando se trata de una visión, si no te pone un poco nervioso, no es Dios". Escribe tus sueños, tus metas y hazlo de manera clara. Si sueñas con un auto nuevo, ¿de qué color o marca lo quieres? Si sueñas con una casa nueva, ¿dónde te gustaría?

Tu visión es algo vivo. A medida que la alimentas, la visión se materializa. Recuerdo que como familia pasamos por un desierto en el cual perdimos todo lo material. Decidí hacer de un pequeño baño un cuarto de guerra; lo pinté y decoré, era mi lugar de encuentro con el Señor cada madrugada. Allí había un cuadro en donde puse recortes de revistas, de la casa que quería, del auto que yo sabía Dios nos daría; todos mis sueños y anhelos estaban escritos allí.

Aunque no fue de la noche a la mañana, Dios cumplió cada uno de los anhelos de mi corazón. Dios también le dijo a Habacuc "Pues la visión se realizará en el tiempo señalado; marcha hacia su cumplimiento y no dejará de cumplirse. Aunque parezca tardar, espérala; porque sin falta vendrá" (Habacuc 2:3).

Escribir la visión que Dios te ha dado es como tomar posesión de una llave dada por Dios que abre tu puerta personal de provisión y destino. No importa cuán grande sea la visión que el Señor te dé, escríbela y confía en que el Dios que te dio la visión es lo suficientemente grande para cumplirla en tu vida en el tiempo señalado por Él.

El Señor te dice

Yo te estoy llamando a perseguir de nuevo la visión que una vez tuviste. Estoy restaurando los sueños que has abandonado. No desmayes por las circunstancias adversas. No permitas que el desánimo te abrume y te lleve en la dirección equivocada cuando te ocurren cosas sobre las cuales no tienes ningún control. Los ataques enviados por el enemigo se proponen desviar tu atención de tu propósito, pero conforme persigues tus sueños, tu perseverancia te catapultará dentro de su destino.

Oremos

Amado Padre, te doy gracias porque eres Dios que ve y oye desde el cielo. Te doy gracias porque siempre escuchas mi oración. Padre, conoces los sueños que hay en mi corazón, te pido que abras los ojos de mi corazón para que tenga un espíritu de sabiduría y revelación y pueda caminar en la visión que tienes para mi vida.

Me arrepiento si he caminado lejos de tu voluntad por negligencia o por tomar las decisiones incorrectas, lo que me hizo perder oportunidades. Gracias porque tienes el poder de redimir mi tiempo y llevarme de tu mano al cumplimiento de mi propósito. Amén.

DÍA 28

SAL DE TU ESCONDITE

Dios no quiere que sus hijas estén desarmadas o que sean tomadas por sorpresa.

LISA BEVERE

Por mucho tiempo estuviste escondida y sintiéndote en aislamiento, aunque Dios ha hecho una profunda obra en tu corazón, te ha llevado por un proceso necesario de preparación y purificación, así que ahora es el tiempo de salir de la cueva. Dios quiere que tu voz sea escuchada, que tus dones y talentos se manifiesten; ya no puedes seguir acomodada en el anonimato, este es tu tiempo para entrar en el campo de batalla y conquistar tus sueños y promesas. Has estado viviendo una temporada de transición y transformación, quizá te has sentido como nómada espiritual o naturalmente, yendo de un lugar a otro sin sentir que perteneces a algún sitio, tus amistades han sido temporales y has sentido que no echas raíces. Sin embargo, este es tu tiempo y tu turno.

LA GUERRERA FLORECERÁ

Tu Padre está trayéndote un gran establecimiento y te plantará en el lugar donde florecerás. Dios hará que recuperes lo perdido y que se revele la plenitud de tu destino. Solo debes estar advertida de una cosa: las victorias no vienen sin una batalla. El Señor quiere resucitar esos sueños que murieron antes de nacer, quiere convertir tus cicatrices en espadas y tus heridas en armas. Él te ha llamado guerrera, y te empodera para no retroceder en la batalla espiritual.

Cuando eres una guerrera, tus traumas se convierten en tu testimonio, y pasas de ser una víctima para convertirte en una vencedora. Debes saber antes que Dios te levante se levantará la oposición. Según la Biblia, la vida no es un picnic sino un campo de batalla, una lucha armada contra un poderoso adversario. Para participar en esa batalla correctamente, necesitas un cambio de imagen espiritual en el que tu atuendo natural endeble e inadecuado sea reemplazado por una armadura y armas espirituales. Dios nos está llamando a ti y a mí para que nos levantemos y luchemos. Nos está vistiendo con el manto de Débora (Jueces 4 y 5), un manto de valentía y audacia para pararnos con una ferocidad santa contra el enemigo y estar en guardia de frente a todo lo que pueda traer en el futuro.

FUERZA RENOVADA

Hay un mover del Espíritu Santo en este momento que está construyendo una nueva fuerza dentro de ti que no será sacudida. Es una determinación y una fuerza que está naciendo de la revelación de quién es Él, lo que ha dicho y cuál es la misión a la que has sido llamada. El Espíritu Santo viene para darte un "segundo aire".

Él te está llevando del agotamiento a la reposición. Del cansancio al refrigerio. De la desolación a la vitalidad. Del aburrimiento al entusiasmo. De la frustración al cumplimiento. Donde la pasión se disipó, encontrarás una nueva alegría. Donde sentías que te habías estancado, recibirás una nueva visión. Donde la vida se había agotado, serás revitalizada.

Leí un post en Facebook que decía: "Sé el tipo de mujer que cuando tus pies tocan el suelo cada mañana, el diablo dice '¡Oh, no, esta mujer ya se despertó!'" Mantente firme en tu posición como hija de Dios, ungida por el Padre con el manto de Débora, y observa cómo los gigantes que te amenazan caen ante ti. No temas a lo que sucede a tu alrededor, ponte cada mañana tu armadura y avanza con fuerza.

Efesios 6:13-17 nos aconseja: "Por lo tanto, pónganse toda la armadura de Dios, para que cuando llegue el día malo puedan resistir hasta el fin con firmeza. Manténganse firmes, ceñidos con el cinturón de la verdad, protegidos por la coraza de justicia y calzados con la disposición de proclamar el evangelio de la paz. Además de todo esto, tomen el escudo de la fe, con el cual pueden apagar todas las flechas encendidas del maligno. Tomen el casco de la salvación y la espada del Espíritu, que es la Palabra de Dios".

Debemos entender el poder de la oración y la importancia de operar con toda la armadura de Dios. Este es un tiempo significativo en el que nuestro Señor quiere darnos estrategias y revelación sobre cómo avanzar con Él para ver los planes y propósitos que tiene para nosotras. La oración del justo es poderosa y eficaz (Santiago 5:16).

Si nos mantenemos firmes en la fe y en la oración, usando toda la armadura que tenemos a nuestra disposición, veremos avances y el cumplimiento de las promesas.

Debemos orar sin cesar (1 Tesalonicenses 5:17), y estar vigilantes en oración con acción de gracias (Colosenses 4:2). Cuando nuestras oraciones son de acuerdo con la voluntad de Dios, podemos tener la confianza de que Él ha respondido.

¡CELEBRA!

Muchas veces las personas que están en constante estado de guerra espiritual o conflicto interno no logran avanzar espiritualmente porque no llevan cautivos sus pensamientos a la obediencia de Cristo (2 Corintios 10:5). Sí, es bueno vestirse con toda la armadura de Dios; es muy bueno hacer guerra espiritual, pero no te obsesiones tanto con la guerra al punto que olvides celebrar anticipadamente las victorias. Recuerda que en la presencia de Dios hay plenitud de gozo y a su diestra hay delicias para siempre (Salmo 16:11).

Cuando nos desanimamos o deprimimos tanto por las batallas que enfrentamos y perdemos nuestro gozo, paz y pasión a tal punto que queremos tirar la toalla, es el enemigo quien gana terreno, no nosotros. Dios nunca llevó al pueblo de Israel a la batalla usando métodos normales. Primero envió a los adoradores, algo que podemos hacer cuando sabemos que Dios está peleando con nosotros y por nosotros (2 Crónicas 20:20-30).

Sal de tu escondite. Levántate y pon un pie delante del otro. Haz lo que sabes hacer hoy y confía en Dios el mañana. Él abrirá un camino donde parece que no lo hay. Verás la victoria, verás la bondad del Señor en la tierra de los vivientes. Utiliza las llaves de autoridad que Dios te ha dado para desbloquear tus promesas (Mateo 18:18; Isaías 22:22). El enemigo intentará silenciarte y hacer que retrocedas, pero ahora es el tiempo de liberar tu voz, mantenerte firme, recuperar todo lo que el enemigo te ha robado y entrar en la temporada de promesas cumplidas.

El Señor te dice

En esta hora, toda una compañía de mis hijas se está levantando para responder al llamado de ponerse de pie y defender lo que les pertenece por herencia. Se están levantando con justa ira contra el enemigo por todo lo que les ha robado.

Son portadoras de mi justicia y mi rugido se libera a través de ellas, ya que se han rendido a mí. Se están levantando con mayor audacia, ya que saben que mayor es Aquel que está en ellas que aquel que está en el mundo. Conocen la autoridad espiritual que tienen. Saben que la batalla y la victoria es mía.

Han sido entrenadas para la batalla a través del fuego de las pruebas y su fe en mí y su confianza en mi Palabra son inquebrantables. Conocen las armas que llevan, pero lo más importante es que conocen a Aquel que las guía en la batalla, porque yo las llamo amigas íntimas. El León de la tribu de Judá irá delante de ellas.

Oremos

Hoy, declaro que la sangre de Jesús derramada en la cruz por mí anula todos los planes malvados del enemigo en mi vida y en mi familia. Rompo el cansancio, la pereza, la pasividad, la incredulidad y la duda.

Hoy, hablo a mi carne y alma por el Espíritu del Dios vivo que mora en mí. Declaro que me alinearé con los planes y propósitos de Dios que fueron escritos y declarados antes de la fundación del mundo. Por el poder y la autoridad de Jesucristo, mi Señor y Salvador, saldré de mi escondite, cruzaré el umbral de la puerta de la esperanza en victoria. Amén.

DÍA 29

UNA HERENCIA RESTAURADA

*Y este mismo Dios quien me cuida
suplirá todo lo que necesite, de las
gloriosas riquezas que me ha dado
por medio de Cristo Jesús.*

FILIPENSES 4:19

Crecí en un hogar con muchas carencias económicas, lo que influyó en mí, formando una mentalidad de pobreza. Desde niña veía a mi mejor amiga con muñecas Barbie o comiendo cosas que para mí solo eran deseos porque eran inalcanzables. En los procesos de sanidad que Dios tuvo conmigo, me enseñó que, al entrar en el plan de Dios, todo lo que hubiera dado lugar a la maldición de pobreza sería desarraigado. También me mostró que, siendo su hija, Él ya me había hecho su heredera (Gálatas 4:7).

Mi derecho como hija de Dios era correr con sus promesas y bendiciones. Había descuidado mi derecho por el cual Jesús pagó un gran precio para darme herencia. Muchos piensan que hablar sobre temas económicos es carnal, pero de las mujeres de la Biblia obtenemos grandes ejemplos.

BENDECIDA Y PROSPERADA

La historia de Rut es una de mis favoritas. El relato comienza con hambruna, muerte y pérdida, pero no termina ahí. Por su obediencia, Rut entra en pacto con Dios, entonces fue bendecida y prosperada. Hubo un tiempo en que ella, por causa del hambre, espigaba en los campos de Booz lo que los segadores dejaban botado.

Espigar era una manera, en esos tiempos, de hacer caridad a los necesitados (Rut 2). Ella lo hizo siendo una viuda, comiendo las sobras de otros, pero su redentor ya la había visto y estaba dando pasos para revertir su situación. La Biblia dice que ella fue diligente (Rut 2:7). Diligencia significa esfuerzo constante; las mujeres virtuosas como Ruth son trabajadoras incesantes; no importa lo que esté sucediendo en su vida, no se desaniman, se ponen a trabajar. Proverbios 10:4 dice: "Pobre es el que trabaja con mano negligente, pero la mano de los diligentes enriquece".

Proverbios 31 nos presenta a una mujer virtuosa que no solo cuida de su familia, sino que también gestiona sabiamente sus negocios. Ella "considera un campo y lo compra; de sus ganancias planta una viña" (Proverbios 31:16). Este pasaje enfatiza la importancia de la planificación financiera, la inversión y la administración prudente.

La prosperidad económica para las mujeres, desde una perspectiva bíblica, no se limita a la acumulación de riquezas, sino que implica una vida en armonía con los principios divinos de sabiduría financiera, generosidad, confianza en la providencia de Dios y trabajo dedicado. Al abrazar estos principios, las mujeres podemos experimentar no solo el éxito material, sino también una paz y una seguridad que trascienden nuestras circunstancias económicas.

T.D. Jakes dice: "No permitan que les digan que por ser cristianas deben ser pobres, a Dios no le molesta que tengan dinero, a Él le molesta que el dinero las posea a ustedes". Es importante saber que Dios sigue siendo "Jehová Jireh", nuestro proveedor, debemos confiar en Él y no en la provisión.

ESTÁ PLANEADO

El plan de Dios es la prosperidad para nuestras vidas. Él quiere que prosperemos en todo lo que emprendamos. Cada pensamiento que el diablo tiene es para robar, matar y destruir (Juan 10:10), mientras que cada pensamiento inspirado por Dios es de "prosperidad". Eclesiastés 5:19 dice: "Además, a quien Dios concede abundancia y riquezas, también concede comer de ellas, así como tomar su parte y disfrutar de sus afanes, pues esto es don de Dios".

Nuestro Señor es la fuente de toda prosperidad. ¿Qué significa prosperar? Significa salir adelante y ser rentable. Dios quiere darnos esperanza; cuando el mundo dice lo contrario, Él siempre tiene un plan. Quiere que apartemos nuestra mirada de la economía del mundo y la pongamos en su economía. Dios quiere establecer en nosotros una mentalidad del Reino, no un pensamiento mundano. Él quiere mostrarnos que está por encima de todas las cosas y más allá de las circunstancias naturales. Nuestro Padre es Dios que bendice.

Es hora de alinear nuestra fe con su Palabra. Él es Dios de abundancia, quien desea dar buenos regalos a sus hijas. Seamos diligentes en lo que Él nos ha encomendado realizar; no despreciemos los pequeños comienzos y a medida que Él libera sobre nosotras sus bendiciones, mantengámonos en oración. Dios no bendecirá nuestros planes por muy ingeniosos o innovadores que nos parezcan. Dios solo bendecirá la obediencia a su Palabra.

PARA COMPARTIR

Uno de los principios fundamentales de la prosperidad según la Biblia es que recibimos bendiciones para compartir. Proverbios 3:9-10 dice: "Honra al Señor con tus riquezas y con los primeros frutos de tus cosechas. Así tus graneros se llenarán a reventar y tus bodegas rebosarán de vino nuevo".

Al honrar a Dios con nuestras posesiones y compartir nuestras bendiciones, Él nos provee en abundancia para que podamos ser generosos en toda buena obra. 2 Corintios 9:6-8 dice: "Recuerden esto: El que siembra escasamente, escasamente cosechará, y el que siembra en abundancia, en abundancia cosechará. Cada uno debe dar según lo que haya decidido en su corazón, no de mala gana ni por obligación, porque Dios ama al que da con alegría. Y Dios puede hacer que toda gracia abunde para ustedes, de manera que siempre, en toda circunstancia, tengan todo lo necesario y toda buena obra abunde en ustedes".

Estos principios reflejan la enseñanza bíblica de que la verdadera prosperidad implica no solo recibir bendiciones, sino también compartirlas, promoviendo un ciclo continuo de generosidad y abundancia.

El Señor te dice

Mi plan para ti es promoción y prosperidad a medida que te guío paso a paso hacia un territorio que aún no conoces, pero que he preparado de antemano para ti, y hará que tu corazón se regocije al recibir una provisión que va mucho más allá de tu imaginación.

Una abundante gracia será derramada sobre ti en esta temporada, mientras trazo tu vida y proveo poderosamente en cada paso de la ruta. Camina en completa obediencia, rendición y dependencia de mí, porque mi bondad y misericordia nunca te serán negadas.

Oremos

Padre, en el nombre de Jesús, vengo ante ti con agradecimiento y expectativa. En tu Palabra prometes suplir todas mis necesidades según tus riquezas en gloria en Cristo Jesús.

Te presento mis preocupaciones financieras y mis sueños de prosperidad. Confío en tu provisión y en tu dirección en cada área de mis finanzas. Bendice mis esfuerzos laborales, multiplica mis recursos y guíame en el manejo sabio de todo lo que me has confiado. Que mis finanzas reflejen tu gloria y sean un testimonio de tu fidelidad. En el nombre de Jesús. Amén.

DÍA 30

ABRAZA TU NUEVA IDENTIDAD

En Cristo, descubres quién eres, esa es tu identidad. Y es en Él que encuentras para que vives —ese es tu propósito.

RICK WARREN

Tienes una identidad en Dios que se refleja en tu nuevo nombre, que trasciende cualquier vergüenza, arrepentimiento o decepción que esté envuelta en quién eres ahora. Dios quiere darte un nuevo nombre que te traerá esperanza, libertad y un gozo que nadie puede tocar, manchar o robar. El nombre está vinculado al carácter o al destino de una persona, y podemos entender que cuando alguien se encontraba con Dios, Él a veces les cambiaba el nombre.

Dios cambió a Abram por Abraham. Al mismo tiempo, cambió el nombre de su esposa de Saraí a Sara (Génesis 17). En otras palabras, a través de esos nombres, Dios les estaba dando un nuevo comienzo, una nueva esperanza y el cumplimiento de sus promesas. El cambio de nombre simbolizaba que Dios estaba redefiniendo su identidad, su destino y la autoridad sobre su vida.

Hay una promesa maravillosa para ti en Isaías 62:2-4: "Las naciones verán tu justicia y los líderes del mundo quedarán cegados por tu gloria. Tú recibirás un nombre nuevo de la boca del Señor mismo. El Señor te sostendrá en su mano para que todos te vean, como una corona espléndida en la mano de Dios. Nunca más te llamarán «La ciudad abandonada» ni «La tierra desolada». Tu nuevo nombre será «La ciudad del deleite de Dios» y «La esposa de Dios», porque el Señor se deleita en ti y te reclamará como su esposa."

Esta es una imagen profética de lo que Dios hace por nosotras. El pueblo de Israel había regresado del exilio en Babilonia y se encontraba todavía oprimido, pobre y aparentemente abandonado a su suerte. Vivían bajo los fuertes impuestos persas y eran acosados por las provincias regionales.

Los muros de Jerusalén estaban en ruinas. El pueblo de Dios estaba perdiendo la esperanza. Pero Isaías les da este mensaje profético diciéndoles que Dios no se dará por vencido con ellos. Él ha elegido a Jerusalén; es su ciudad. Él no se arrepentirá. Su amor perdura para siempre. Él cambiará el nombre de Jerusalén. Él la ama, disfruta de estar con ella y anhela su presencia.

NUEVO NOMBRE

Me encontraba en un congreso profético, y estábamos como familia pasando por un desierto, aunque abatidos, buscando a Dios con insistencia. Yo estaba orando con mis ojos cerrados; de repente, sentí la mano del profeta que ministraba en mi mano y me preguntó: "¿Cómo te llamas?" Yo le di mi nombre, pero él dijo: "No te llamas así, tu nombre es 'Débora'".

Dios le estaba dando destino y propósito a mi vida, me estaba devolviendo una identidad que me fue robada. Dios me estaba diciendo: no te enfoques en tu fracaso o en tus problemas, enfócate en mi amor y mi fidelidad. ¡Nunca imaginé que mis duras experiencias me darían la sustancia que ahora necesito para ministrar a otras mujeres! No tenía idea de que Dios me estaba preparando para ofrecerles la misma esperanza que me brindaba a mí todos los días.

Quizás también tú ahora no tengas una perspectiva brillante de tu futuro, pero tu futuro es brillante porque Dios es bueno. Este es un tiempo donde verás la soberanía y la bondad de Dios dadas a conocer en formas que solo Él puede orquestar. Él quiere darte un nuevo nombre, una nueva identidad y un propósito.

Cuando sabes que eres hija de Dios, amada, completa, renovada y restaurada, se abren las puertas que ningún hombre puede cerrar. Pedirle a Dios en la intimidad que te revele tu nuevo nombre te ayudará a vivir con propósito y a enfocar tu corazón, tu tiempo, tus energías y tus prioridades.

Aprovecharás cada día con determinación, no solo para ayudar a los demás, sino también para prepararte para todo lo que Dios tiene para ti. Necesitas creer en lo que Él dice de ti, no en lo que las personas dicen de ti.

Ya no eres tus errores o tu pasado, Dios te ha redimido y perdonado, te ha sanado completamente y tiene un nuevo capítulo en el libro de tu vida que nadie más sino tú puede escribir.

Cada una de nosotras tiene un propósito único en la vida que debemos descubrir y cumplir. Quién eres, de dónde vienes, tu herencia y tu identidad son importantes.

HACEDORA DE HISTORIA

Dios te conoce íntimamente, te ama apasionadamente y te ha posicionado como una Ester "para un tiempo como este". Hay un mensaje dentro de ti que necesita ser escuchado porque tienes un testimonio y una historia por contar, una que es única.

Ester tenía todos los motivos para descalificarse de su posición real. Ni siquiera deberían haberla llevado a palacio porque era judía y huérfana. Sin embargo, cuando Dios nos llama, nos califica. Él abre un camino donde no hay camino.

Fue el favor de Dios lo que le abrió el camino a Ester para pedirle al rey por la vida de su pueblo. Ese fue el momento para el que fue creada. Ese fue el momento en el que cumplió su destino y llegó a su plena identidad en Cristo. Fue entonces cuando su alma pasó de huérfana a reina. Una de las cosas asombrosas del favor de Dios es que allana el camino para tu destino. Dios te ha destinado para ser una hacedora de historia.

Es tiempo de que te levantes. Es tiempo de que te despojes de tus vestiduras de luto y te vistas con tus vestiduras reales, porque el Rey de reyes te espera con los brazos abiertos, está dispuesto a darte todo lo que ya es tuyo.

No sé qué es lo que el Señor te pedirá que hagas, pero sé que, si no te levantas y lo haces, nunca verás que tu situación cambie. Creo que hemos entrado en un tiempo en el que la unción de Ester reposará sobre ti y sobre mí. Nada es demasiado difícil para Dios. Él está buscando a aquellas mujeres que digan "sí" para un tiempo como este.

El Señor te dice

Te estoy recordando una vez más quién eres. Te estoy dando mi favor y despejando el camino para ti. Estoy abriendo un camino para que vayas y entres en tu nuevo día. Ahora llevas mi fuego y mi autoridad. Ahora eres fuerte, has recibido una fe que no te será quitada. Prepárate para tu nueva asignación. Estás perfectamente preparada.

Ahora comenzarás a ver el fruto de lo que se forjó en ti. Encontrarás gracia, unción y poder. Has sido formada, moldeada, purificada y fortalecida. El enemigo intentó eliminarte, pero yo tenía un plan mayor. Yo voy a ubicarte en una posición de gran honra. En vez de vergüenza tendrás doble honor.

Ven, "Reina Ester", porque yo te he estado preparando para un tiempo como este. Estoy sosteniendo mi "cetro real" y te digo: "Ven, mi amada, da un paso adelante en lo que tengo para ti. No dudes ni te detengas, pero asume plenamente mi plan, mi destino para ti, y la provisión que yo tengo para ti. ¡Levántate, porque el poder del Espíritu Santo está sobre ti! Eres un faro de mi luz, un recipiente de mi gloria, y un testamento de mi poder interminable. Alégrate, porque yo estoy contigo, y mis bendiciones sobreabundarán en tu vida".

Oremos

Padre, en el nombre de Jesús, me acerco a ti confiadamente. Al leer el libro de Ester, recuerdo que tú tienes el control total de mi vida. Gracias porque tienes un plan perfecto y porque nada puede frustrar tu plan de redención. Gracias porque incluso cuando fallo y me encuentro abrumada por las circunstancias de la vida, tu gracia es suficiente para mí.

Gracias porque en Cristo tengo todo lo que necesito, incluyendo un nuevo nombre para cumplir mi propósito, de modo que pueda abundar para toda buena obra. Úsame, te ruego, en el lugar donde me has plantado, por amor a tu santo nombre. Gracias porque no hay nada que pueda impedir que tus propósitos eternos se cumplan en mi vida. Te ruego que muera a mis propios deseos y viva para ti. Amén.

ORACIÓN DE RENDICIÓN Y ENTREGA DE TU VIDA A JESÚS

Si nunca has hecho una oración para hacer habitación en tu corazón para Jesús, este es el tiempo perfecto para que lo hagas. Él te ama, te eligió para que seas su hija y está tocando a la puerta de tu corazón. Solo déjalo entrar.

OREMOS

Señor Jesús, te necesito, necesito tu amor.
Hoy entrego mi vida a ti y te abro mi corazón para que habites en él como mi Señor y Salvador. Reconozco que soy pecadora y necesito tu perdón. Creo que moriste en la cruz por mis pecados y resucitaste al tercer día. Te invito a ser el centro de mi vida, sé mi Señor y Salvador. Gracias por tu amor incondicional y por ofrecerme una nueva vida en ti. Amén.

ENFOQUE DE ORACIÓN 21 DÍAS DE TRATAMIENTO INTENSO

El que estaba sentado en el trono dijo:
«¡Yo hago nuevas todas las cosas!».
Y añadió: «Escribe, porque estas palabras
son verdaderas y dignas de confianza».

APOCALIPSIS 21:5

La Palabra de Dios está viva, llena de poder y como una espada, divide el alma de una persona para revitalizar su componente eterno: el espíritu. Como resultado de este increíble poder, la Palabra provoca cambios en nuestro corazón. Creo con firmeza que este cambio es espiritual y físico. Romanos 10:17 dice: "Así que la fe es por el oír, y el oír, por la palabra de Dios".

La estrategia más grande de Satanás es impedir que escuches lo que Dios tiene que decirte. El enemigo sabe que cuando la voz de Dios penetra tu mente y espíritu, llega profundamente hasta tu médula ósea y reorganiza las estructuras celulares dentro de tu cuerpo. Sabe que tiene un efecto poderoso sobre el flujo sanguíneo dentro de tu sistema. Cuando la Palabra de Dios penetra con éxito en nosotros, cuando permitimos que se almacene en nuestro corazón y desarrolle nuestra forma de pensar, nuestro sistema sanguíneo comienza a purificarse. El Espíritu de Dios literalmente comienza a invadir nuestras estructuras sanguíneas.

El Señor nos dio una palabra inusual acerca de su sangre: "Te estoy sometiendo a 21 días de tratamiento intenso. Mi sangre se volverá más caliente que la sangre que corre por tu cuerpo y, por el Espíritu, comenzará a encontrar células que no han sido encontradas. Estos próximos 21 días serán un tiempo de tratamiento divino e intenso. Un tratamiento intenso de 21 días está llegando a mi pueblo. Estoy a punto de hacer algo en ti en estos próximos 21 días que es diferente a lo que jamás se haya hecho antes".

La batalla por tu línea de sangre es uno de los conflictos más grandes que el cuerpo de Cristo debe comprender. Nunca debemos olvidar que la batalla siempre será por la sangre de nuestro Señor y cómo lo adoramos.

La fuerza del anticristo siempre está en contra de la sangre del Señor Jesucristo. A medida que la batalla se intensifica, debemos discernir esta fuerza y declarar la victoria de nuestro Señor a través de su maravillosa sangre. Como dijo Juan: "Es necesario que Él crezca, pero que yo mengüe" (Juan 3:30). El plan de batalla desplegado por Dios ayudará a que su Espíritu aumente en tu sangre.

Durante estas próximas tres semanas, creo que es vital que permitas que su Palabra viva y activa transforme tu sangre y tu cuerpo. Tienes una gloria que el Señor ha puesto dentro de ti. Tú puedes empezar a moverte y descubrir lo que ha estado oculto. Si avivas la gloria de Dios en ti, expulsarás la iniquidad que te ha hecho perder oportunidades en el pasado y hará que escuches su Palabra. Tu corazón se regocijará y tendrás fuerzas para aceptar el tratamiento que Él te está administrando.

Declaro que cada lugar de tu cuerpo que ha perdido su fuerza, porque la sangre de Cristo estaba inactiva, ahora vuelve a la vida plena. Llamo a un nuevo lanzamiento y distribución de su preciosa y restauradora sangre para que llegue a cada espacio y extremidad de tu cuerpo; que no quede un solo lugar de debilidad o dolencia. Decreto que las articulaciones que hacen que el pueblo de Dios se conecte y se mueva de diferentes maneras tendrán un nuevo flujo de sangre, hasta que todos lleguemos a la unidad de la fe. Al leer este enfoque diario, declaro que tu mente se disciplinará para que no seas arrastrada hacia la derecha o hacia la izquierda, sino que permanezcas firme en Él. Tus pensamientos se están adaptando al tiempo del Señor, y están bajo su poder y autoridad.

DÍA 1
LEE EL SALMO 139 Y EFESIOS 2

Que el Señor te muestre quién eres en Él. Eres «ORIGINAL» hecha de manera única y maravillosa. Agradécele por formarte en el vientre de tu madre. Pasa el día alabando. Medita y habla 1 Tesalonicenses 5:16-24. Decreta que todo tu espíritu, alma y cuerpo será santificado.

DÍA 2
CANTA Y ALABA CON EL SALMO 23

Ponte de acuerdo con Dios para la restauración de tu alma. El alma está vinculada con la «respiración». Alma se refiere a toda la naturaleza interna y la personalidad de un individuo. Lee Deuteronomio 26:16-19. Declara que serás puesta en lo alto en un lugar nuevo con un sello llamado «ESPECIAL». Decreta vida en abundancia. Lee y subraya Mateo 6:25, Lucas 12:22, y Juan 10:10.

DÍA 3

PÍDELE AL SEÑOR QUE HAGA PURO TU CORAZÓN

Declara que el asiento de tus sentimientos, deseos, afectos y aversiones estarán bajo el alineamiento del Espíritu Santo. Lee las Bienaventuranzas en Mateo 5:1-12. Pídele al Señor que envíe ayuda o auxilio a tu alma para que puedas alcanzar tu mayor propósito. Declara que tu final será más grande que tu principio. Lee Hageo 2. Pídele al Señor que tu alma comience a prosperar de una manera nueva. Lee 3 Juan 2; Santiago 1:21; 1 Pedro 1:9. Ahora pídele al Señor que te haga ver. Los limpios de corazón verán a Dios (Mateo 5:8).

DÍA 4

MEMORIZA PROVERBIOS 18:14

Pídele al Señor que se ocupe de cualquier forma en que el espíritu del mundo haya irritado o influenciado tu espíritu. Gracias a Dios eres un ser espiritual que vivirá eternamente con Él. Si no tienes esta seguridad, detente y pídele al Señor que te quite cualquier duda. Recibe una limpieza a través de la sangre de Jesús.

Lee Hebreos 9. Pídele al Señor que limpie tu conciencia y la restablezca a su plena autoridad para trabajar. Pídele al Señor que renueve tu comunión con Él.

Toma Santa Cena con Él. Tu espíritu es esa parte de ti relacionada con la adoración y la comunión divina. Lee y subraya 1 Corintios 16:18; Job 32:18; Salmos 51:10; Mateo 11:29; 2 Corintios 7:1; 1 Pedro 2:11; Salmos 77:6; 1 Pedro 1:8-9; Isaías 26:9; Romanos 8:10; Efesios 4:4; y Santiago 2:26.

DÍA 5

ENTRÉGALE TU CUERPO, EL COMPONENTE DEL SER TRINO QUE SOMOS DONDE EL ALMA Y EL ESPÍRITU RESIDEN

Honra al Espíritu Santo que ha elegido morar dentro de ti. Lee 1 Corintios 6:19-20; 2 Pedro 1:13-14. Dale gracias porque tu cuerpo es suyo. Lee Romanos 6:13 y 19. Presenta tus miembros uno por uno a Dios como instrumentos de justicia y no de iniquidad. Si tienes una parte de tu cuerpo que no funciona correctamente, pídele al Señor que te sane y limpie esa parte de tu cuerpo. Incluye cualquier órgano que sepas que ha sido afectado por el pecado. Lee Romanos 7 y declara que la atracción de lo viejo ha sido erradicada.

DÍA 6

LEE ISAÍAS 58:5-12

Que Dios elija un ayuno para este día.
Declara un corte y un brote. Declara que la sanidad

comenzará a manifestarse. Pídele al Señor que su gloria ponga un guardia delante y detrás de ti. Pídele al Señor que ajuste cualquier detalle en todo lo que hayas logrado a lo largo del año. Pídele al Señor que te dé sabiduría sobre cómo rectificar cualquier problema para que puedas avanzar rápidamente. Lee Romanos 8.

DÍA 7

LEE ISAÍAS 52:1-6

Este es un llamado a despertar a la plenitud del plan redentor de Dios para ti. Libérate de cualquier cautiverio. Encuentra tu lugar de morada y siéntate. No te detengas en tus derrotas y pecados pasados. ¡Ponte una nueva vestidura de victoria!

DÍA 8

LEE MATEO 12

Concéntrate en Versículos 43-45. Pídele a Dios que te llene con su glorioso Espíritu para asegurar toda victoria. Declara que saquearás el campamento del enemigo y obtendrás una restauración de siete veces más. Acuerda con Dios en que una vez que seas liberada de una cosa, tu liberación estará asegurada y ninguna otra fuerza podrá vencerte. Lee Marcos 4. Declara que tu semilla prosperará. Grita: "¡No voy a volver atrás!" Pídele al Señor tu próxima medida de fe.

DÍA 9

LEE LOS SALMOS 39, 66 Y 80

Él ha medido tus días. Así que nunca debes permitir que el enemigo te robe tu plenitud. Declara que todo el tiempo perdido será revertido. Agradécele por las pruebas por las que estás pasando. Aunque te estén presionando, te ensancharás. Aviva tu fuerza y clama: "¡Restaura, Señor!"

DÍA 10

LEE ISAÍAS 40

Permite que el Señor te consuele por los errores y pérdidas del pasado. Rompe con tu batalla actual y comienza a abrirte camino hacia tu futuro. Pide tu segundo aliento o un nuevo soplo del Señor. Observa el poder de la omnipotencia de Dios al comparar su excelente conocimiento frente a las naciones de la tierra que son sometidas por el poder restaurador de nuestro Padre.

DÍA 11

LEE EZEQUIEL 47

Observe como el río crece y por dondequiera que pasa el río brota sanidad. Sin embargo, debes pedirle al Señor que te lleve más profundamente de donde estás actualmente. Permite que Él aumente la medida del río en tu vida.

DÍA 12

LEE ZACARÍAS 2-4

Pídele a Dios que extienda una nueva línea de medición sobre tu vida para que pueda liberarse una nueva medida de gozo. Pídele que te abra los ojos a la actividad angelical que te rodea. Debes creer que cada montaña puede moverse a través de una nueva medida de su Espíritu en ti.

DÍA 13

LEE LUCAS 6 Y ROMANOS 12

Observa cómo Jesús nos enseñó a amar y dar. Esto se convierte en nuestro camino hacia lo milagroso. Pídele al Señor que comience a allanar ese camino de una manera nueva para ti. Pídele que su poder transformador y renovador tome control de tu mente. Pídele a Dios que te motive de una manera nueva para que tu fe pueda operar en una nueva medida. La fe obra por el amor. Profetizamos según nuestra fe.

Profetizar tu visión te hará avanzar y te llevará a la victoria.

DÍA 14

LEE 2 CORINTIOS 10 Y EFESIOS 4

Pídele al Señor que te dé entendimiento de la batalla que te rodea. Revisa tus conexiones y relaciones, así como las esferas de autoridad con las que estás alineada.

DÍA 15

LEE MARCOS 6, 7 Y 10

Las cosas están cambiando muy rápidamente. No permitas que el rechazo te impida avanzar hacia el plan que Dios tiene para ti. Estamos entrando en una temporada de cambios de liderazgo. Entonces, el Señor está creando una nueva medida de fe y demostración en aquellos que avanzarán en los propósitos de su Reino. Él está cultivando un clima de fe para la sanidad y los milagros. Debemos desarrollar una mentalidad que diga: "¡Con Dios todas las cosas son posibles!" A medida que encontremos nuestro nuevo lugar de servicio, por la fe, Él manifestará repentinamente muchos cambios.

DÍA 16

LEE HECHOS 16 Y HECHOS 22

Escucha atentamente tu llamado macedonio. Dios está sacudiendo las cosas a nuestro alrededor para que podamos seguir adelante. Si sientes que estás estancada, pídele a Dios que te envíe una sacudida y observa cómo la tierra comienza a moverse. Observa cómo las cadenas comienzan a romperse y las entradas bloqueadas comienzan a abrirse.

DÍA 17

LEE LUCAS 18, MATEO 19, 1 JUAN 1 Y 2

Mira cada lugar estrecho de tu vida y decreta que serás ungida para pasar a tu nuevo lugar ensanchado.

DÍA 18

LEE NÚMEROS 13, 14, 16, 17 Y 20

No permitas que la incredulidad y el miedo prevalezcan en tu visión. Pídele al Señor que te permita ver de una manera nueva. No permitas que los celos, la rebelión y la acusación te cieguen y llegues a ser como el campamento de Coré: la tierra se abrió y se tragó a la gente, y Dios envió una plaga. Pídele al Señor que elimine estos espíritus mortales del cuerpo de Cristo.

Siempre debemos tener cuidado en nuestra actitud y acciones hacia el liderazgo y, aunque no estemos de acuerdo con ellos, debemos obrar de manera apropiada. Reconoce y afronta todos los ciclos que implican relaciones rotas con los líderes.

En el desierto de Zin, el pueblo se quejó contra Moisés y Aarón porque no había agua, pero en lugar de seguir las instrucciones de Dios de hablarle a la roca, Moisés se enojó y la golpeó. Este fue el único caso después de dejar el Sinaí donde Dios no juzgó al pueblo por sus quejas, sino que juzgó a Moisés para que no pudiera entrar a la Tierra Prometida.

Pídele al Señor que rompa viejos ciclos de ira que te han mantenido cautiva y te han impedido cruzar hacia la plenitud de Su plan. El espíritu de Moisés se entristeció, impidiéndole revelar el modelo de Dios desde el cielo. Pídele al Señor que te impida reaccionar incorrectamente. No permitas que esta sea tu pregunta: "¿Por qué nos has sacado de Egipto para morir en el desierto?" ¡Esto cambió su futuro! Declara que tendrás un espíritu diferente, como el de Josué y Caleb.

DÍA 19
LEE NÚMEROS 22-25, Y 31

Observa desde afuera las maldiciones del campamento: Balac contrató a Balaam para maldecir a Israel, pero no tuvo éxito. Observa la idolatría y la inmoralidad desde dentro del campamento: cuidado con los espíritus seductores. Cuando Balac no logró maldecir a Israel, los tentó con idolatría e inmoralidad. Esta fue una nueva prueba. Fallaron y Dios envió una plaga.

Pídele al Señor que te libre de espíritus seductores. Dios ordenó a Israel que eliminara a quienes los habían seducido y los habían hecho aceptar la idolatría y la inmoralidad. Israel luchó y ganó, pero no ejecutó toda la venganza que Dios había ordenado. Tomaron para sí los despojos y el botín que el Señor dijo que iba a ser destruido, pero Moisés les hizo ejecutar la plena venganza de Dios.

Una victoria parcial no será suficiente en esta temporada. Este es el tiempo de entender la frase "destruir por completo". Hay ciertas cosas que el Señor se niega a permitir que pasen a nuestra próxima fase. Elige soltar todo lo que el Señor te pide que dejes atrás.

DÍA 20
LEE HEBREOS 4 Y 12

No vivas en el pasado. Esto solo conduce al arrepentimiento y la amargura. Si te has arrepentido, la gracia de Dios cubrirá tus pecados y fracasos. Permite que tu pasado sea podado y en lugar de ser una ofrenda amarga, serás una ofrenda dulce para el Señor.

Medita en Oseas 2:14-23. Abre la puerta de esperanza. Cree que hay esperanza en tu valle de Acor. Pídele a Dios que abra esa nueva puerta de esperanza. Pídele al Señor misericordia. Renueva tu pacto con Él.

Siente cómo el cielo y la tierra se ponen de acuerdo, y el vino y el aceite nuevos fluyen sobre ti.

DÍA 21

LEE LOS SALMOS 4, 16 Y 110

Permite que el Señor te aparte para el futuro. Que surjan nueva alegría y gozo. Declara que dormirás en paz y te sentirás segura en la presencia de Dios. Pídele que asegure tu noche y que abra tu mañana con una nueva visión. No temas el poder separador que Él está trayendo sobre tu vida.

Es posible que el canto de gloria en ti haya sido bloqueado, pero ahora hay un viento de liberación. Es posible que tu sangre haya estado moviéndose lentamente, pero ahora cantará una canción de liberación. Tu sangre y tu gloria están despertando y cantarán una nueva canción. Dile a tu carne que descanse en la esperanza porque tu sangre está despertando a la voluntad de tu Señor. Su Palabra está llena de fuego y está quemando la pasividad que ha resistido su movimiento en ti. A través de Él, ganarás la batalla de tu carne y despertarás a la gloria en tu sangre renovada. Entra en su tratamiento divino y experimenta el poder sanador de su sangre de una nueva, total y definitiva manera.

Chuck D. Pierce - Gloria de Zion Internacional

Bibliografía

Jacobs, Cindy; Mujeres de propósito
Editorial Caribe, 1999

Bevere, Lisa; Sin rival
Whitaker House, 2017

Lockyer, Herbert; Todas las mujeres de la Biblia
Editorial Vida, 2004

Piper, John; Bajo las alas de Dios
Editorial Portavoz, 2010

McClain Walters, Michelle; La unción de Ester
Casa Creación, 2014

Jakes; T.D.; La dama, su amado y su Señor
Casa Creación, 1998

Eldredge, John and Stasi; Cautivante
Editorial Caribe, 2005

Eldredge, Stasi; Llegando a ser yo misma
David C. Cook, 2013

Evans, Tony; Una mujer del Reino
Tyndale House Publishers, 2013

Valloton, Kris; Diseñada para reinar
Casa Creación, 2015

Meyer, Joyce; Viva valientemente
Casa Creación, 2014

Meyer, Joyce; Luzca estupenda, siéntase fabulosa
Casa Creación, 2006

Caine, Christine; Inavergonzable
Zondervan, 2016

Bévere, Lisa; Ferozmente amada
Whitaker House Español, 2022

Silvoso, Ed; Women, God´s Secret Weapon
Regal Books, 2001

Acerca de la Autora

 **MAGIE DE CANO** Es pastora y ha sido llamada por Dios como una intercesora profética. Es autora de varios libros y creadora de "Las Cartas de Magie" un devocional profético que diariamente llega a miles de lectores en el mundo. Su llamado y pasión es restaurar el alma y el corazón de la mujer, al diseño original de Dios. Es también conferencista internacional en congresos y ministerios dedicados a la mujer. Está casada con el pastor Benjamín Cano, juntos ministran el corazón de los matrimonios y las familias. Vive en la ciudad de Guatemala junto a sus hijos y nietos.

Otros libros de Magie

Made in the USA
Las Vegas, NV
15 July 2025